中国旅游发展年度报告书系
Annual Development Report of China's Tourism

中国旅游集团发展报告2015
——开放与共享：旅游集团成长的新谱系

ANNUAL REPORT OF CHINA TOURISM GROUPS DEVELOPMENT 2015

中国旅游协会
中国旅游研究院

北京·旅游教育出版社

《中国旅游集团发展报告 2015》
编委会

主　　任：刘士军　戴　斌
编　　委：（按姓名音序）
　　　　　戴　斌　郭　宁　蒋依依　李仲广　龙　飞　马晓龙
　　　　　宋子千　孙桂珍　唐晓云　吴丽云　夏少颜　邹　昊

《中国旅游集团发展报告 2015》
编写组

主　　编：戴　斌
执行主编：吴丽云　李仲广
编 写 组：李仲广　吴丽云　侯晓丽　杨宏浩　杨彦锋　战冬梅
　　　　　何琼峰　苏　娜　肖建勇　乔　爽　李梦莹　韩瑞雪

目 录
CONTENTS

在 2015 中国旅游发展论坛上的讲话 …………………………… 杜　江　1
开放与共享:旅游集团成长的新谱系 …………………………… 戴　斌　3

第一编　2015 年中国旅游集团发展报告

第一章　旅游:一个更加开放的体系 ……………………………………… 2
　　一、由少数人的旅游活动到国民大众的常态化生活选项 ……………… 2
　　二、由团队客的封闭世界到游客和市民共享的生活空间 ……………… 5
　　三、由单一旅游企业主体到日益多元的跨行业商业主体 ……………… 7
　　四、由狭义旅游商业范畴到广义扩展的大旅游商业领域 ……………… 10
　　五、由单部门的政策制定到多部门协同发展的综合政策 ……………… 12

第二章　商业:一个多元共享的时代 ……………………………………… 14
　　一、商业共享的基础 ………………………………………………………… 14
　　二、基于分享的旅游商业模式 ……………………………………………… 16
　　三、价值重构的旅游商业环境 ……………………………………………… 19

第三章　旅游集团:一个边界消失的谱系 ………………………………… 21
　　一、技术推动下的变革 ……………………………………………………… 21
　　二、资本扩张下的发展 ……………………………………………………… 23
　　三、市场吸引下的进入 ……………………………………………………… 30
　　四、创业驱动下的融合 ……………………………………………………… 34

第四章　产业实践:典型案例的理性审视 ………………………………… 37
　　一、传统企业的跨界转型:万达集团 ……………………………………… 37
　　二、新兴企业的共享模式:途家网 ………………………………………… 46

第五章　产业促进:开放共享下的管理与企业群体的成长 …………… 53
　　一、政府:尽快建立、完善适应开放与共享环境的产业促进工作体系 …… 53

二、旅游集团：以战略性思维和行动引领未来成长 …………………… 55
三、社会各界：多方协作下的发展 ………………………………… 57

第二编　2015年中国旅游发展论坛实录

圆桌论坛　开放与共享：旅游企业的机遇与挑战 ……………………… 62

第三编　2015年中国旅游发展论坛专文

全球化视野下的旅游产业布局 ………………………	郭丽娟	72
从旅行服务到移动生活 ………………………………	冯　滨	78
互联网与现代酒店发展 ………………………………	张润钢	83
万达旅业的商业实践 …………………………………	徐道明	88
都市休闲与岭南城央酒店转型 ………………………	陈白羽	95
旅游投资趋势及中信投资实践 ………………………	胡腾鹤	99
互联网时代的旅游景区变革 …………………………	刘平春	105
非标准住宿业的现在和未来 …………………………	张　泽	111
周边自由行的创新与实践 ……………………………	王　专	115

附录　2015年中国旅游集团20强 ……………………………………… 119

在 2015 中国旅游发展论坛上的讲话

国家旅游局副局长　　杜　江

各位嘉宾，各位同人：

大家上午好！

很高兴出席由中国旅游协会和中国旅游研究院共同主办的中国旅游发展论坛，与大家共同研讨"开放与共享：旅游集团成长的新谱系"这一年度发展主题。

今年以来，面对经济新常态，我国旅游业逆势上扬，成为经济发展的一大亮点。旅游已经成为拉动经济增长最为现实，也最具潜力的消费热点，包括公共财政、国家资本和社会资本在内的多元投资主体对旅游基础设施、重点项目、新型业态加大了投资和并购重组的力度。为进一步优化旅游发展环境，国家先后出台了一系列推动中国旅游业持续健康发展和转型升级的重要措施。国务院颁布了《关于进一步促进旅游投资与消费的若干意见》，国家旅游局制定实施了促进中国旅游业发展的"515战略"，围绕"旅游+"、厕所革命、旅游扶贫等重点任务研究部署了若干具体工作，为旅游市场主体的市场化运作奠定了更加优化的环境基础。

众所周知，旅游业是一项综合性、开放性的产业，在共享经济发展中具有天然优势，今年会议就来了许多新业态的杰出代表。我们还注意到，在国民快速增长且日渐变化的旅游休闲需求的推动下，旅游产业的开放趋势更加明显。今年国庆长假期间，直报景区接待人数增幅同比有所下降，但是从各省市旅游接待、开放式景区、交通客运等客流情况，以及在线旅行运营商经营数据来看，整个国庆长假期间出游总人数同比是维持较高增速的。宏观数据和微观的消费动向都在清楚地表明，在一个开放和共享的时代，旅游市场主体，特别是旅游集团的战略成长正在面临全新的创新空间。

正是得益于开放和共享方面的发展机遇，中国旅游业逐步造就了一批有实力的旅游集团。我清楚地记得,这个论坛第一次发布年度20强旅游集团名单,是在2010年。当时我国旅游集团年营业收入最高的也就是300亿元左右,我们举办中国旅游发展论坛的一个重点目的就是为了贯彻落实《国务院关于加快发展旅游业的意见》(〔2009〕41号)提出的建设"旅游强国"战略,希望在旅游集团领域尽早推动实现年营业收入超过1000亿元、国际化水平较高的"旅游强企"的目标。我很高兴地看到,这个目标已经提前实现了。在过去几年中,一个个来自不同商业领域的旅游集团依靠开放与共享的战略思想发展壮大起来,并相应地提出了更高更大更强的发展目标。事实上,在从旅游大国向旅游强国转型的过程中,充满市场活力和国际影响力的旅游集团群体是国家战略的关键支撑。我们有理由相信,做大做强旅游业,必须也只能走这条开放和共享的道路。

各位代表,我国旅游业发展日新月异,更加开放的产业体系、更加广袤的区域开发和更加快速的转型发展,开拓了更加广阔的旅游投资新天地。当前跨界是潮流,跨界才有作为和生命力。在旅游产业加速换挡的历史机遇期,我希望各位企业家对开放与共享时代的旅游业能够有重新的认识,把握创业新机遇,开创旅游集团成长的新谱系。这既是旅游业自身发展规律的客观要求,更是新常态下国家旅游发展战略的客观要求。

希望与会专家和嘉宾对上述问题进行深入探讨,开展多层面、多方位的合作。

祝论坛圆满成功!

开放与共享：旅游集团成长的新谱系
——在 2015 中国旅游发展论坛上的主旨演讲

中国旅游研究院院长　戴　斌

尊敬的国家旅游局杜江副局长，

同志们，朋友们：

上午好！

一年到头主持和参与了太多国际国内的旅游会议，听取了太多的观点和言论，但是这次听了来自锦江、首旅、岭南、众信四家旅游集团领导人的发言，可能因为都是老朋友的关系吧，我觉得既亲切，又兴奋。不仅仅是由于大家在过去一年中所取得的空前成就，更由于从你们的演讲中听到当代旅游商业思想发育的声音，看到了当代旅游商业共同体成长的迹象。

四个月以前与同事研讨本次盛会主题时，党的十八届五中全会还没有召开，我们只是从旅游市场和消费行为的变化，以及旅游产业和供给结构的演变的学术把握上，确定了"开放、共享"这两个关键词。如同去年提出"创业照耀旅游的星空"一样，同样来源于对当下丰富多彩的旅游产业实践的观察与思考。随着大众旅游从初级阶段向中高级阶段的持续演化，无论是宏观数据还是微观动态，都在反复证明这样一些源于生活的朴素论断：旅游已经融入了国民大众常态的日常生活，成为人民生活水平提高的重要指标；或者说旅游已经对社会生活全面开放了，自助旅行者和休闲旅游者越来越多地介入目的地城乡居民的生活空间，游客开始分享过去面向市民工作、生活和休闲的公共服务和商业要素；或者说社会生活已经为旅游经济活动所共享了，受益于持续繁荣并日渐变化的国民旅游休闲市场，旅游正在成为"大众创业、万众创新"最为活跃的领域，也可以说传统观念中区分旅游产业与非旅游产业的"柏林墙"已经不复存在了。

在这个游客与居民共享生活空间，旅游与其他产业边界相互开放的时代，旅游集团的成长面临了全新的战略机遇。外来游客的消费增量和居民生活的消费存量的叠加，让我们的市场基础变得更加坚实。与此同时，更多的资本、技术和企业家的介入，特别是方兴未艾的大众创业和万众创新，也在倒逼旅游经济供给侧以变革对开放，以提升对共享，从而在理论和实践两个方面持续拓展旅游集团的成长谱系。

在这个开放发展的时代，培育旅游集团的商业共同体的集体意识是非常必要的。之所以提出商业共同体的概念，是因为愈是混沌一体的环境，愈是需要清晰完整的独特性认知，就像全球化与地方性谁也离不开谁一样。在过去的三十五年中，伴随改革开放进程的旅游产业边界一直都是清晰的：旅行社、导游、星级饭店、旅游景区等，服务对象则是以观光为主的团队客人。需要指出的是，这种产业认同和边界清晰是以行政管制和政府部门间的权力博弈为主导，以市场准入壁垒和市场主体的自我封闭为代价的。

一说旅行服务就是旅行社，就是导游举着五颜六色的小旗带着团队出入景区加上购物，自我沉醉于"祖国山河美不美，全靠导游一张嘴"，等到在线旅行服务商携资本和技术的力量漫天遍地而来的时候，我们才发现依靠产业政策和服务经验构建的"马奇诺防线"是如此地不堪一击。一说旅游住宿就是星级饭店，特别是高端奢华饭店的全要素服务，就是国际饭店集团的管理合同和市场品牌，只是等到经济型饭店把上市、并购、私有化、品牌创设的游戏玩得眼花缭乱以后，我们才发现旅游住宿产业的星系是如此地丰富多彩。一说旅游景区，就是A级景区，特别是高端旅游景区，哪怕针对休闲度假的新需求，也要扛个什么国家级和省级的牌子回来。殊不知，无论是都市还是乡村旅游目的地，开放的历史街区、分散的市民生活空间、民居客栈和社区餐饮早就成了广大游客的最爱。

类似的变革也发生在旅游交通、旅游娱乐、旅游购物等领域，我们发现几乎所有冠以"旅游"的商业形态都在一边瓦解，一边重构。在传统旅游产业的边界趋于消失的今天，如何回答"我是谁，从哪里来，到哪里去"的终极追问，就不仅是学者关注的终极追问，也是数以百万计的市场主体和数以千万计的旅游从业人员的现实课题。哪怕是封建社会下九流的"车船店脚衙"，也要拜个关公的牌，认个陶朱公做祖师爷呢！不能一说开放和共享，就不需要旅游市场主体的自我认同了。不同于过去的是，现在的产业识别是以市场主体的商业思想和市场发育为动力，以企业家和经理人群体的自我认同为导向的，是一个坚持服务游客的核心价值观，新鲜力量不断注入的动态和开放的进程。相对成型的旅游产业共同体主要包括但不限于，对市场趋势、机遇与挑战的共识，创业创新、企业能力和商业变革的引领，企业伦理和世界影响力的担当，与政府和社会各界的对话。上述内涵的实现依然需要政府，特别是旅游行政主管部门的支持、指导与帮助，但是更需要产业领袖结合行业协会的社会化改革而主动担当和主动作为。

在这个共享繁荣的时代，更加自觉地把我们的旅游集团融入到全面小康社会的决胜进程中去，是十分必要的。未来五年是中华民族实现两个百年梦想的第一个目标，即全面建成小康社会的关键五年。随着生活水平的提高，国民旅游意识和消费能力也必将随之提升，而且是不可逆转的加速增长过程。不是有这么句话嘛，"吃有肉，住有楼，还有闲钱去旅游"，人民群众对美好生活的向往就是我们的奋斗目标。

根据国务院的部署，到2020年，国民出游率将达到5次，将成为一个人类旅游史上从来没有出现过的，每年国内旅游人次超过60亿、出境旅游人次2亿的巨量市场。如果加上广义旅行，市场规模将超过600亿人次。每每想象如此巨大的市场规模及其蕴含的无限商机，内心都激动不已：今年40亿人次的旅游市场就支撑起了携程、去哪儿合并后市值超过千亿元的旅游集团，考虑到企业家自主创新和商业研发能力，我们将见证一个旅游企业集团化加速成长、企业家越来越具有世界影响力的伟大历史进程。

同志们，朋友们！

在这个共享存量的时代，既着眼于房屋、车辆等居民生活资料的商业创新，也面向高铁、高速公路、机场、码头等国家基础设施进行战略创新，是有现实基础的。关于分享型经济，欧美发达国家主导的既有商业理论与实践，而且更多地集中于微观层面，比如普华永道将其定义为通过出租未充分利用的资产，如用一辆闲置的汽车或者暂时没人住的房子去赚钱的方式。Uber、Airbnb和国内的神州、途家和去呼呼等，都是这一商业理念的优秀实践者，假以时日，它们很有可能成为旅游产业的未来领导者。在肯定其创业创新成就的同时，我还想提醒各位旅游集团的领导者：国家投资在交通、通信、科技、教育、工业、新型城市化和新农村等领域的基础设施和公共服务才是包括旅游在内的共享经济的战略纵深。我们必须清醒地认识到，作为发展中大国战略所需要的基本建设投资，为旅游产业提供了愈发坚实的物质基础，国民旅游休闲也为其提供了现实的市场基础和消费能力。回顾过去这几年基于生活资料存量的需求侧创新，在为新业态点赞的同时，也隐约地感觉有一种"山中无老虎，猴子称大王"的不安。事实上，来自于银行、证券、保险、基金领域的金融存量，来自于高校和科研院所的人力资源和技术研发存量，还有来自于广大农村现代化进程所释放出来的土地资源存量，都还没有为旅游业态创新和集团化成长所充分利用。国家战略还让我们有机会在全球范围内分享存量资源和创新商业模式。一带一路、孟中印缅和中巴经济走廊、中澳、中韩、中国—东盟自贸区等国家战略，人民币正式成为SDR货币、高铁和港口建设的国际合作等，必将为旅游集团的战略成长和全球化发展提供更大的国际空间。国之交在于民相亲，旅游正在从外交的边缘走向中心，越来越多的国家和地区在张开双臂欢迎中国游客的同时，也在积极寻找与中国旅游领域的投资商和运营商的深度合作机会。锦江、海航、开元、万达等率先"走出去"的旅游集团，并购重组和资源整合的重点还处于酒店、旅行社和旅游地产领域，尚未涉足基础设施和公共服务领域的商业创造。希望在不久的将来，在座的各位业界领袖能够拿出一批成为未来经典的原始创新案例来。只有传统领域之外的资源与旅游思想的融合，才能让中国的企业家站在世界之巅，引领全球旅游商业的发展潮流。

  在这个开放变革的时代，坚持传统和致敬经典的同时，经由创新而为旅行服务注入时尚的元素，继续引领经济社会发展和人民生活的风向标，是极有可能的。回顾自1999年"国庆黄金周"以来的国民旅游发展和产业创新的历史进程，我们可以发现两个基本的特征：一方面是消费主体越来越倾向于自主、自助和自由行，跟团游的比例越来越低；另一方面则是市场主体特别是在线旅行服务商更多的资源被用于满足游客的目的地信息获取、旅游决策辅助、旅行证件获得和票务预订等平台和渠道。但是天下没有免费的午餐，非团队的旅行组织方式让游客获得自由体验的同时，也增加了信息筛选和消费决策的现实成本。自由竞争的市场经济也不可能存在长期的超额利润，更多的资本和技术要素对消费端的介入，迟早会迫使新业态的超额所得回归常态。事实上，经过十五年的发展，"自由行"的边际效用正在进入下降通道，而在线旅游服务的边际成本则开始上升。综合同程、途牛、蚂蜂窝、6人游等新业态的调研数据来看，近期的获客成本较近几年已经有了接近一倍的上升。在此背景下，旅行需求开始向小包价和定制化方向移动，而旅游投资和运营创新则着眼于实体经济，希望在向经典致敬的同时，重新发展旅行服务、旅游住宿、主题公园和景区景点、长途交通和目的地小交通等传统领域的商业价值。如今，在国民旅游休闲需求和商业创新的双重推动下，出租车、汽车租赁和自驾车已经不再仅仅是市民出行的交通工具，而是在汽车轮子上的移动生活；无论高端、精品还是经济型酒店，都不再只是满足旅游旅行者睡个觉的地方，而是蝶变成为岭南五号、希岸、维也纳、全季、帐篷客这样有故事，也有温度的当代生活空间，直让人味蕾绽放、梦里花开；主题公园、景区景点和历史街区，也不再只是看风景的地方，而是能够给少男少女以王子和公主的梦想，以艺术和前卫的名义给年轻人以潮流的体验，比如港中旅的沙坡头沙漠艺术节，比如海昌海洋主题公园那些可以引起观众尖叫的表演；游客所到之处的免税店、工厂店、精品购物店、折扣店等购物场所，把旅行购物变成了行为艺术，并将退税、金融支付、保险、物流配送等产业链条的各个环节一并变得时尚起来。只要我们牢牢把握生活方式这条主线，旅游就一定能够重新站在时尚与潮流的前端，当商业活动真正融入了广大人民群众的现实生活，那么旅游集团的成长谱系将是没有边界的。

展望2016年的旅游创业创新，在开放与共享之上，"均衡"很可能成为年度关键词，就是需求在全包价的团队旅游与全自助的散客旅行之间，供给在追求传统服务的实体产品和技术导向的线上渠道之间，不再会绝对倾向于哪一个极端，而是在传统与现代，虚拟与现实，经典与时尚之间寻求一个相对均衡的度。当然，理想状态的均衡在现实中很难实现的，也许需要企业家和经理人员花费一生的时间去找寻而不得。不过，这不也正是商业创新的永恒魅力和以创新为己任的企业家的社会价值之所在吗？

同志们，朋友们！

下面请允许我代表中国旅游协会和中国旅游研究院宣布2015年度中国旅游集团20强的荣誉名单：携程旅游集团、北京趣拿软件科技有限公司、中国港中旅集团公司、锦江国际（集团）有限公司、海航旅游集团有限公司、华侨城集团公司、北京首都旅游集团有限责任公司、同程网络科技股份有限公司、中国国旅集团有限公司、北京万达旅业投资有限公司、南京金陵饭店集团有限公司、开元旅业集团有限公司、上海春秋国际旅行社（集团）有限公司、广州岭南国际企业集团有限公司、杭州市商贸旅业集团有限公司、中青旅控股股份有限公司、山东银座旅业集团有限公司、安徽省旅业集团有限公司、黄山旅游集团有限公司、景域国际旅游运营集团、北京众信国际旅行社股份有限公司、大连海昌集团有限公司（其中安徽省旅游集团有限公司、黄山旅游集团有限公司和景域国际旅游运营集团并列18位）。

  祝贺以上企业和他们的卓越领导者！祝愿各位在开放共享的时代取得更加辉煌的商业成就，产生更加广泛的社会影响力！祝福所有商业共同体、学术共同体和行政共同体，我们都在为了"更多的国民参与，更高的品质分享"这样一个旅游梦想而努力，We are one！

第一编

2015年中国旅游集团发展报告

第一章 旅游：一个更加开放的体系

过去的旅游是一个封闭的世界，与日常生活是隔离的；现在的旅游则是一个融入了老百姓常态化生活的开放体系。旅游消费已经成为国民大众的日常生活选项，成为"人民生活水平提升的重要指标"。无论从消费主体、消费形式、市场主体、产业内容还是监管主体看，旅游业都正在步入一个市场主体日趋多元、市场环境更加开放的新时期。

一、由少数人的旅游活动到国民大众的常态化生活选项

旅游业的发展，是经济发展和人民生活水平提高的必然要求，经历了由少数人的特权享受到国民大众常态化生活需求的消费转变，实现了由相对封闭到日趋开放的系统演化。

（一）从外事接待到大众旅游，旅游消费主体不断扩大

新中国成立之初，旅游发展主要出于扩大政治影响，宣传介绍新中国建设成就的目的，旅游消费主体是外国人、华侨、港澳同胞，这一时期，各地旅游接待和服务部门都是政府事业单位，国内旅游以及为国内居民旅行提供相关服务的行业并未形成，旅游业作为一个经济性产业并未产生。1978—1998年，是中国旅游产业从无到有，快速发展的二十年，我国旅游业开始由政治接待事业向旅游产业转型。这一时期的旅游业发展，采取了"先入境，后国内，再出境"的发展次序。1993年，国务院办公厅转发国家旅游局《关于积极发展国内旅游业的意见》，对国内旅游工作提出"搞活市场、正确领导、加强管理、提高质量"的指导方针。为克服1993年下半年经济过热引起的通货膨胀以及1997年的亚洲金融风暴，客观上必须大力发展国内旅游以扩大内需。1995年，我国开始实行双休日制度；1998年，中央经济工作会议将旅游业确定为

国民经济新的增长点。在上述政策的推动下,旅游对经济的拉动效应逐步显现,国民大众的内生性消费需求日益强劲。1999年以后,我国旅游业开始步入大众旅游时期。1999年,《全国年节及纪念日放假办法》首次将春节、"五一"、"十一"的休息时间与前后双休日拼接,形成7天长假。当年的国庆节旅游,引发出游"井喷"现象,由此形成了旅游"黄金周"。2000年之后,随着我国社会经济的发展,工业化和城市化进程的加快,国内旅游和出境旅游快速增长,我国的旅游创汇功能逐渐弱化,国内旅游快速发展,旅游业逐步成为推动社会经济发展的一个重要经济产业。目前,我国旅游经济运行开始步入大众旅游和国民休闲的新阶段。从消费主体看,旅游成为老百姓的日常生活选项。

(二) 旅游已成为国民大众的日常性生活消费

1985—2014年,我国人均GDP从860元增长到46 629元,增长了53倍(见图1-1)。随着国民经济的快速发展,居民生活水平不断提高,2014年我国人均GDP超过7000美元,已步入休闲度假旅游快速发展时期,旅游日益成为居民日常生活的重要组成部分。1985—2014年,我国国内旅游人次由2.4亿人次增长到36.3亿人次,增长了14倍,旅游出游率由23%增长到265%,增长了11倍(见图1-2),相当于每个国民一年中出游2.6次,旅游已成为我国居民常规性的消费活动。2014年,《中国经济生活大调查》结果显示,旅游已成为中国家庭仅次于家电的第二大消费。

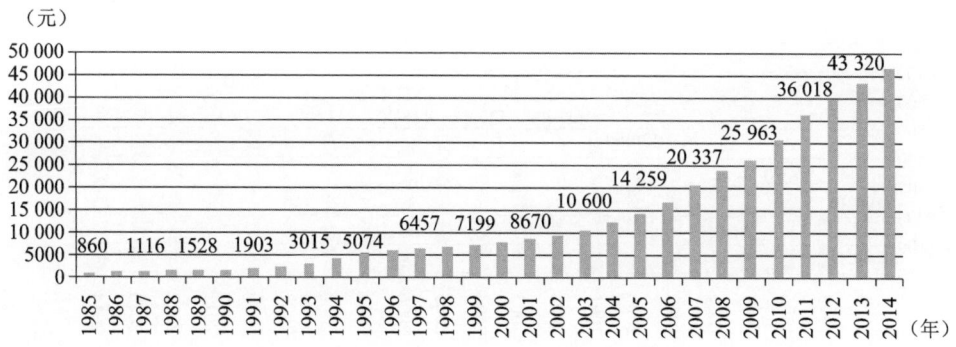

图1-1 1985—2014年人均国内生产总值

数据来源:中国旅游统计年鉴。

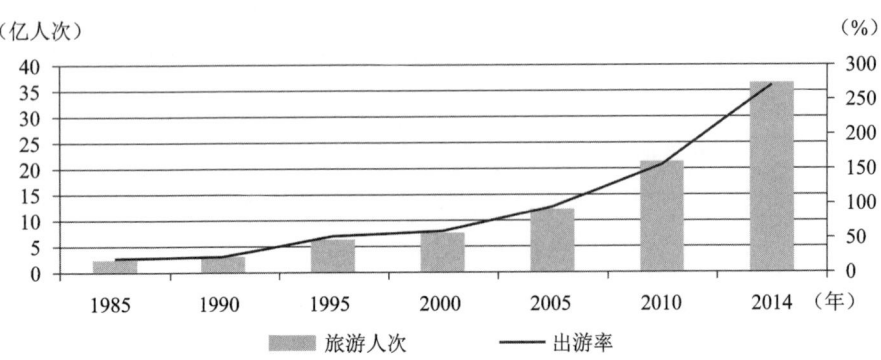

图 1-2　1985—2014 年国内旅游人次及出游率

数据来源：中国旅游统计年鉴。

旅游者人均旅游消费不断增长，从 1994 年到 2014 年的 20 年间，国内旅游人均花费由 195 元增长至 835 元，增长了 3.3 倍（见图 1-3）。受国内旅游相关行业发展不均衡的限制，国内旅游者的旅游消费主要集中于基础性消费，购物、娱乐等消费相对较低，限制了旅游消费的快速增长。出境旅游者的旅游花费远高于国内旅游。穷游网发布的《2014 出境自助游行业报告》显示，自助游客每次出境旅游花费为 8173 元，其中购物花费比重高达 28%。

图 1-3　1994—2014 年国内旅游人均花费

数据来源：中国旅游统计年鉴。

二、由团队客的封闭世界到游客和市民共享的生活空间

（一）旅行经验的丰富和个性化需求的增长促使越来越多的游客选择自由出行

我国旅游业发展之初，游客对外部环境的陌生和旅行经验的匮乏，驱使游客大多选择省心且相对安全的团队出行方式。在团队旅游模式下，游客按照旅行社预设好的旅游线路游览，入住定点酒店，乘坐专门巴士，在旅游定点餐厅用餐，到旅游定点商店购物，游客在相对封闭的环境下实现游览，接触到的是精心挑选过的固定接待单位，旅行社通过标准化产品降低了游客旅行的不确定性和风险，游客则牺牲个性和自由度，完成对城市浮光掠影的游览。随着游客旅行经验的丰富，以及以80后为主体的游客的成长，越来越多的游客开始放弃被"圈养"的游览，开启了自主做旅游决策、自主安排旅游行程的自由、自助旅行时代。国内旅游中，2000—2014年，散客所占比例维持在91%～96%，2014年散客所占比例达96%，种种现象表明，散客化时代已经全面到来（见图1-4）。出境旅游中，受语言、生活习俗差异的影响，散客比例低于国内旅游，2000—2014年，出境旅游中散客所占比例在59%～81%波动（图1-5）。

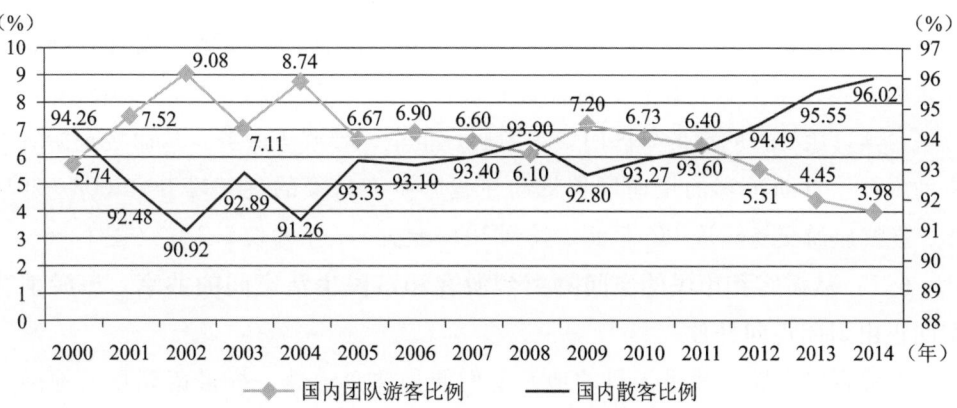

图 1-4 2000—2014年国内团队游客和散客比例

数据来源：中国旅游统计年鉴。

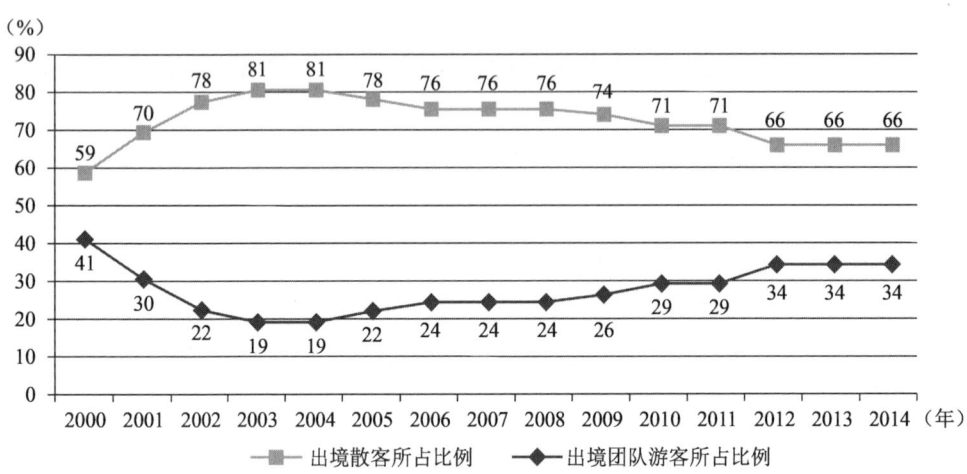

图 1-5 2000—2014 年出境游团队和散客比例

数据来源：中国旅游统计年鉴。

（二）互联网和移动互联网在旅游业的广泛应用使游客的自主、自助旅行成为可能

1999 年携程旅行网成立，由此开启了旅游+互联网融合发展的新时期，去哪儿、途牛、同程、蚂蜂窝、途家等一批服务于游客旅行前、旅行中、旅行后的信息、产品、服务等内容的在线旅游企业的出现，使游客自主、自助的旅行活动成为可能。在互联网和移动互联网时代，游客通过旅游社区，可以提前获取旅游目的地的食、住、行、游、购、娱等相关信息，预先做出旅行判断，借助去哪儿等搜索引擎，比较、选择最具性价比的机票产品，通过 OTA 或专业预订平台预订旅游目的地的景区门票、酒店、租车、导游等服务，从而实现游客的自助旅行。自助游客的快速增长带动在线旅游交易额的逐年攀升，2008—2014年，在线旅游交易额从 486 亿元增长到 3078 亿元，7 年增长 5.3 倍（图 1-6）。

（三）从游客和市民的空间隔离到游客和市民生活空间的共享，旅游消费空间正由封闭走向开放

当游客以自助方式进入目的地，他们便如珠盘散珠一样散落到目的地的每一个空间，进入了当地居民常态化的生活环境。团队游览模式下蜻蜓点水式的城市接触变为散客模式下的浸润式城市体验，目的地生活的每一个场景开始由市民和游客所共享。团队旅游时期，游客的消费空间相对局限，主要局限于旅游管理部门和旅行社挑选出来的旅游要素企业；散客旅游时期，游客的消费空间超越旅游主管部门的推荐范畴，广泛涉及目的地生活的方方面面，从社区生活、公共交通、超市菜场、文化演艺到景区景点，目的地城市以毫无遮拦的姿态向游客全面开放。

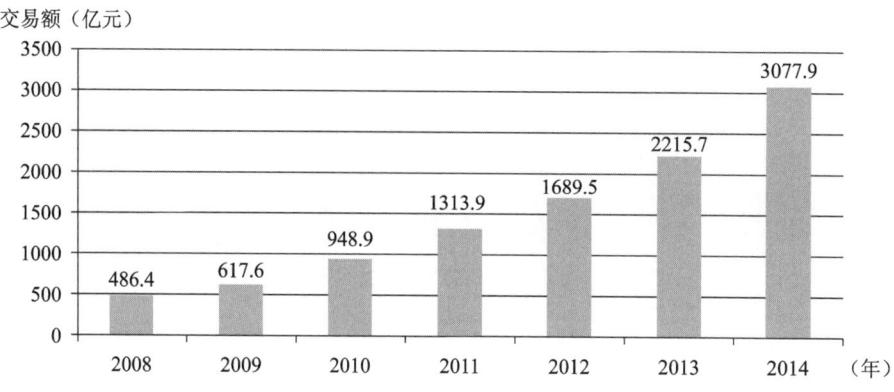

图1-6 2008—2014年中国在线旅游交易规模

数据来源：中国在线旅游行业年度监测报告（2014年、2015年）。

三、由单一旅游企业主体到日益多元的跨行业商业主体

（一）由国中青的相对集中到多企业并存发展

国旅、中旅、中青旅是我国最早设立的三家国有旅行社，承担了中国旅游业发展之初的大量外事接待和旅游接待业务，在我国旅游业发展之初，三大旅行社是旅游市场的重要主体。1980年，三大旅行社的市场占有率高达79.6%。随着旅游市场的逐步开放，旅游业由外事接待向旅游产业发展，越来越多的市场主体开始参与旅游业的发展，国中青三大旅行社的市场份额开始降低，1990年为30.8%，2000年为19.5%，进入相对平稳的市场发展时期。国中青三大旅行社在旅行社业中依然保持优势，从2009年至今，国中青三大旅行社收入在全国旅行社总收入中的比重维持在7%~9%（见图1-7），保持相对稳定。从1999年第一个国庆黄金周开始，国民大众逐渐成为推动旅游市场消费增长的主导力量。与此同时，政府进一步放宽了市场准入条件，民间和社会资本快速推动了旅行社数量的增长。随着春秋、众信、凯撒、广之旅等旅行社企业的日益壮大，以及万达、携程、途牛、同程等新力量的介入，旅行社企业主体日益丰富。从改革开放

至今,旅行社市场的发展经由寡头垄断、垄断竞争,步入完全竞争的新阶段。

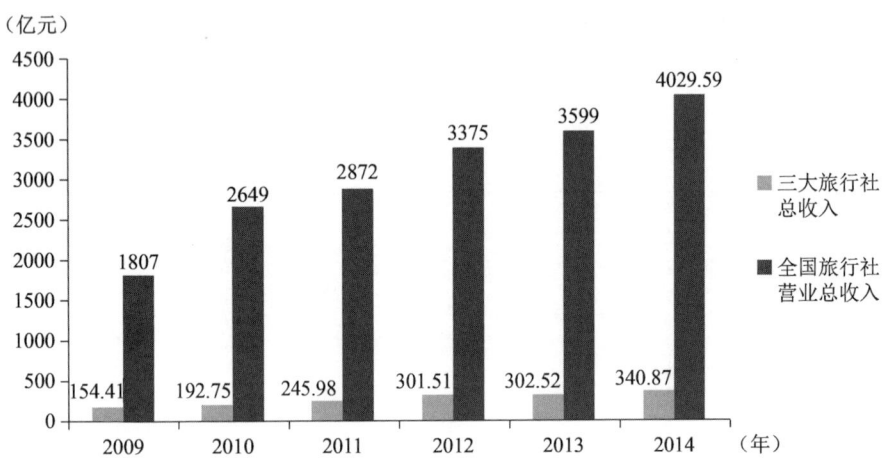

图 1-7　2009—2014 年国中青三大旅行社集团与全国旅行社总收入对比

数据来源:国旅、中旅、中青旅年报;中国旅游业统计公报。

(二) 跨行业商业主体广泛介入旅游业,丰富了旅游市场主体的构成

改革开放以来,我国旅游业保持了持续、快速发展,旅游接待人数从 1985 年的 2.4 亿人次增长到 2014 年的 36.3 亿人次(见图 1-8),增长 14 倍;国内旅游收入从 1985 年的 80 亿元到 2014 年的 3 万亿元,增长 374 倍(见图 1-9)。2014 年,我国出境旅游人数 11 659 万人次,入境游客 12 849 万人次,成为全球最大的出境旅游客源国和第三大入境旅游接待国。伴随着我国旅游业的快速发展,我国旅游业已成为传统行业转型发展和互联网等新兴产业创新发展的重要领域。

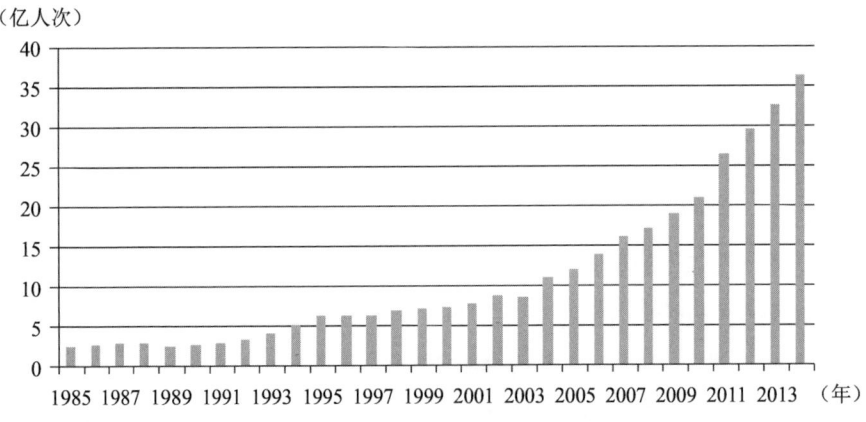

图 1-8　1985—2013 年国内旅游接待人数

数据来源:中国旅游统计年鉴。

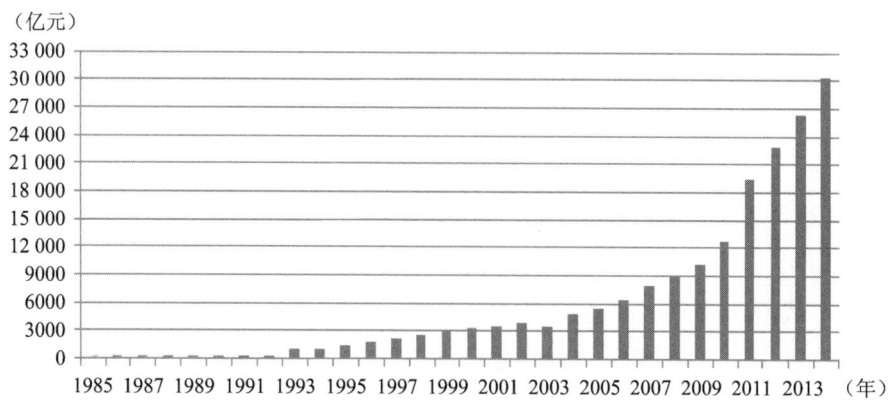

图 1-9 1985—2013 年国内旅游收入

数据来源：中国旅游统计年鉴。

近年来，地产、煤炭、农业、水电、保险等传统行业巨头纷纷介入旅游产业发展，将旅游业作为企业转型发展的重要领域。万达集团成立文旅集团，广泛涉足旅游业，投资建设长白山、无锡、广州、南昌、西双版纳、成都、青岛等地的文化旅游城、主题公园、东方影都等综合性或主题性产品，并购旅行社，投资在线旅游企业，快速构建其旅游产业链条；万科集团、恒大集团等地产类企业巨头也涉足旅游产业发展，万科集团投资 400 亿元建设吉林松花湖国际度假区，恒大地产在重庆、广东、天津等地建设世纪旅游城，拥有在建、运营酒店 18 家。以煤炭大省为代表的山西煤炭类企业开始转型旅游业发展，到 2014 年年底，山西省共有 215 家煤炭等资源型企业投资开发旅游景区、星级饭店、旅游度假区等项目，总投资达 320 亿元。水利、农业、电器、保险等企业也加快进入旅游业：三峡集团投资 10 亿元建设旅游度假区，中粮集团试水酒店业，拥有 7 家高档酒店，苏宁旅行、国美旅行相继上线，安邦保险、阳光保险均在境外收购高星级旅游酒店。以互联网为代表的新兴企业涉足旅游业发展，开拓企业发展的新领域。目前，全国排名前 10 位的互联网企业中，有 9 家互联网企业已经试水投资旅游业。BAT、京东等大型互联网和电商类企业纷纷通过并购、投资、控股等多种方式介入在线旅游、旅行社、景区等领域，加速布局旅游业。旅游良好的发展势头也受到风险投资者的青睐，国内排名前 10 位的风险投资公司中，有 8 家涉足旅游业投资。旅游，正日益成为多行业巨头加速争夺的新商业领域。

四、由狭义旅游商业范畴到广义扩展的大旅游商业领域

旅游业性质的转变、互联网和移动互联网技术的广泛引用，散客化时代游客消费行为的变化，共同推动旅游业内涵和外延的扩展，旅游的商业范畴也不断扩大，正由传统的旅游行业要素向广义扩展的旅游商业要素转变。

（一）从酒店业到旅游住宿业

从旅游发展之初各事业单位、政府部门、企业的招待所，到1997年国家旅游局推出《旅游涉外饭店星级的划分及评定》后广泛出现的星级酒店，再到满足国民大众不同住宿需求特征的经济型酒店、中档酒店和精品酒店，以及以分享理念为模式的途家等在线度假租赁企业，我国酒店业的发展，经历了由相对单一的酒店业到日益多元、大众化发展的旅游住宿业的发展历程。为满足以散客为主体的旅游者个性化、多样化的住宿需求，旅游住宿业态日益丰富，囊括了乡村酒店、星级酒店、精品酒店、经济型酒店、中档酒店、汽车旅馆、房车、在线度假公寓等不同商业形态。

（二）从旅行社业到旅行服务业

团队游模式下，游客通过旅行社的安排实现预定线路游览，满足了游客到此一游的浅层次旅游需求，是大众旅游发展初级阶段的必然。随着游客旅行经验的丰富和以80后、90后为主体的游客的成长，越来越多的游客开始选择自主、自助、自由的旅游方式，游客对个性化、便利化、丰富化产品的追求，全面挑战了以标准化、批量化旅游产品提供为特色的旅行社商业模式，旅行社业务已无法满足大众游客不断变化、日益多样的旅游需求。信息技术、互联网和移动互联网的广泛应用以及与旅游业的密切结合，滋生出以新技术为支撑的在线旅游服务企业，以细分、多样、定制化等产品和服务特色弥补了传统旅行社业务的不足，推动旅游服务提供商从旅行社向旅行服务企业转变。在原有旅行社的基础上，出现了为游客提供签证、机票、酒店、景区门票等单项旅游产品订购和旅游线路订购的OTA，为游客提供机票、酒店价格比较的比价平台，为游客提供目的地综合服务评价的旅游社区，为游客提供异国他乡当地导游、租车服务的在线旅游企业等，丰富并扩大了旅行服务业的范畴，以更加多样的供给满足了游客个性化、差异化的旅游需求。

(三) 从旅游景区到休闲度假旅游业

伴随着游客出行方式的变化,老百姓对于景区的需求也正在发生改变。传统模式下的观光旅游依然是我国旅游消费的基础性需求,但休闲、度假和专项旅游等新需求越来越多。从城镇居民出游构成看,观光游览的游客比例由2004年的45%变为当前的28%,度假、休闲和娱乐由2004年的19.7%变为当前的24.4%,商务会议由2004年的5.5%变为当前的14.2%。在新的时期,旅游景区日益多元化、层次化。以故宫、黄山为代表的经典景区依然有强大的旅游吸引力,但更多新类别景区或非景区的出现,代表了旅游新的发展趋势。华侨城、海昌、长隆等中国特色的主题公园越来越受到年轻游客的欢迎,乌镇、丽江等休闲度假景区也为游客所向往,北京798、成都东区音乐公园、大连15库等开放式文化创意地备受游客青睐,旅游综合体、无景点旅游等也日益成为游客旅行的热点。旅游景区的发展已日益超出传统范畴,步入更大范围内的旅游休闲度假领域。

(四) 从传统旅游交通到多主体、多层次的交通体系

在传统飞机、火车、汽车等交通工具基础上,高铁、动车的出现为更多游客的远距离出行带来便利。与此同时,满足游客异地自驾的租车服务快速壮大,以神州租车、一嗨租车为代表的租车企业的出现适应了散客自助游览需求,成为自助游游客常用的旅游交通形式。以滴滴打车、Uber租车为代表的城市打车类企业,已形成了集出租车、快车、专车、顺风车、代驾、巴士等全类别的城市乘车服务,在满足市民日常出行需求的同时,也为来访游客在目的地的出行提供了便利。

(五) 从旅游购物店到形式多样的商业购物体系

旅游市场的逐步开放还体现为旅游商业购物体系的日益完善和多样化。团队旅游时期,游客的旅游购物集中于相对封闭的旅游定点购物店,这些购物店一般不为当地居民所使用,并随着导游回扣等行为的日益严重,成为价高、质低、假货泛滥之地。散客化的发展,市民和游客共享的生活空间逐渐成为常态。游客散落于城市的每个角落,和居民共享城市的大众购物之地,超市、商场、购物街区等都成为游客在目的地的购物场所。随着线上业务的发展,线上代购、O2O购物、免税店的出现进一步便利了游客的国内外旅游购物。如携程推出的线上全球购,分为名店购和随行购,实现了游客境外旅游的便利化,通过网上购物,机场或酒店提货,解决了游客旅行多地携带大量行李的烦恼。2015年年

初,中免公司推出中免商城,开启跨境电商新格局。国内线上旅游购物也同样快速发展,厦门的手礼网、武汉的心思网、海南的海岛手礼网等,同样实现了游客线上购物,机场取货的便利方式,提升了游客的购物体验。

(六) 从定点餐厅到目的地餐饮体系

团队旅游时期的定点餐厅,是为解决游客旅行中的饮食安全和团餐质量而设。1994年6月10日国家旅游局发布的《关于加强旅行团餐饮质量管理的意见》中,详细地规定了旅游团队餐饮标准参照表、定点餐馆质量初步标准,目的在于加强旅行团餐质量的管理。随着旅行方式的多样化发展,旅游目的地提供的餐饮接待体系日益完善。不同价位、不同口味、不同风格的餐厅均成为游客就餐之所。大众点评网等点评类网站的存在,为游客的异地就餐提供了可资参考的一手资讯,客观提升了游客的就餐品质。旅游目的地游客接待餐饮逐步形成了以普通餐馆、星级酒店餐饮、团队定点餐馆等为主体的餐饮体系,同时互联网技术的广泛应用,滋生出点评、预订、点菜、外卖等不同的在线餐饮形式,进一步丰富了餐饮类型。如金百万推出的全智能互联网餐厅,将互联网服务与顾客自主服务相结合,开拓了互联网餐饮的新业态。阿里巴巴、百度、腾讯等互联网企业巨头也通过自主建设、战略投资等多种形式加入餐饮O2O行列,形成了以美团外卖、百度外卖、饿了么为代表的餐饮外卖平台,以悠先点菜为代表的实时点菜平台,将线上需求与线下供给进行了有效整合,方便了游客在目的地的餐饮消费。

五、由单部门的政策制定到多部门协同发展的综合政策

旅游发展早期,旅游与目的地城市、游客与目的地居民生活是相对隔离的。游客在旅行社安排的有限范围内完成游览活动,如景区、定点餐厅、定点购物店等,旅游活动的开展主要在旅游行政管理部门的管理范围内进行。随着大众旅游的发展,旅游越来越融入到老百姓的日常生活,游客越来越进入当地居民的日常空间,旅游服务的市场供给和公共服务也随之从封闭走向开放。旅游目的地是生活环境的总和。散客化时代下,游客在目的地期间,共享当地居民的生活环境和生活空间,活动足迹踏遍目的地的每个地方,与此同时,旅游目的地的市政、交通、园林、文物、价格、工商、环保、警察、市政、文化等原本与游客并无太多交集的部门开始因为游客的广泛到来而与游客之间的关系日益

紧密，旅游管理的行政边界日渐模糊。

旅游管理逐渐适应不断变化的旅游市场，外延不断扩展，越来越多的部门开始加入维护旅游目的地良好环境的管理队伍中。为应对旅游边界日益模糊的现实和大旅游产业的发展，2014年9月，国务院成立由国务院领导同志牵头负责的国务院旅游工作部际联席会议制度，旅游局牵头，由28个部门组成，以统筹协调全国旅游工作。而在此之前，各地旅游管理部门已经进行了大胆的创新，旅游局向旅游委的改变，也是适应旅游产业日益开放的有效举措。在日常的旅游活动监管中，很多旅游城市都进行了管理创新。如黄山、西安等旅游城市均建立了旅游市场联合执法机制，成立旅游市场联合执法工作组，由旅游局牵头，公安、工商、交通、综合执法、物价、宗教、食药监、机关事务等相关部门共同组成，共同开展旅游市场监管、执法工作。

第二章 商业：一个多元共享的时代

查尔斯·里德比特（Charles Leadbeater）在《我们思考》一书中提到："在20世纪，人们的高度消费行为源自于信用卡、广告和物品的归属权；在21世纪，协同消费将大行其道，人们的消费行为取决于信任、社会群体、人们所能为社会提供的资源及分享的方式。"共享经济的浪潮正扑面而来。

在美国，以 Uber、Airbnb、Freecycle、U–Exchange、SharedEarth、Zipcar 等为代表的共享经济企业正在改变人们的出行、居住、消费等生活习惯，推动新商业形态的出现和社会经济的发展。创立于2008年的 Airbnb，在成立后获得了飞速发展，2011年，其业务增长了800%，步入加速发展新时期。目前，Airbnb业务已遍布190个国家的34 000个城市，估值达到200亿美元。成立于2009年的 Uber，已覆盖全球55个国家，300多个城市，市场估值近500亿美元。在中国，阿里巴巴、途家、滴滴打车等共享型企业正步入快速发展时期。携程、海航、中青旅、港中旅、国旅等众多旅游企业正通过平台、资金、技术、人才等多种方式，构建多元共享的生态圈，分享成果和数据，为更多的小微企业和旅游者提供更加便捷、周到的产品和服务。

一、商业共享的基础

（一）以互联网为代表的新技术发展为商业共享提供了平台支持

互联网的出现和普及推动了全球化进程和科学发展的步伐。互联网和移动互联网的发展，使人们可以随时随地上网，分享变得更加容易。互联网上社会生产的兴起，提供了无数的协作平台，以更新颖的平台模式、更低的成本，为合作共享提供了支持。"开放、自由、协作、共享"的互联网精神与"开放、分享"的共享经济特征无缝契合，日益便捷的互联网和移动互联网使分享跨越时间、空间，日益成为常规生活、生产的一部分。互联网和移动互联网时代，人们可以轻松地与全球其他国家、其他地区的人交流，分享资产、资源、人脉、经历、信息和想法等。互联网为这些交流搭建了平台，使得天南地北、跨越地域边界的供给和需求信息可以无障碍对接、交流，进而发展成为新的商业经济形式。谷歌、eBay、Facebook、youtube、Airbnb 等，这些以分享为特征的企业的出现和快速发展，都是基于网络的巨大力量，同时，他们也是当今商业转型的重要组成部分。

（二）闲置产能的存在为商业共享提供了资源基础

大量闲置资源的存在，是商业共享模式存在的重要基础。生活中，土地、房屋、汽车、书籍、日常用品等，它们或者被彻底闲置，或者被低频使用，这些商品的使用价值因闲置而被浪费。以美国为例，美国私人拥有的物品中，有 80% 以上的物品难得一个月用到一次。全美国有 5000 万支电钻闲置在家。互联网、GPS、智能终端等高科技的发展使得闲置资源浪费问题得以解决。借助便捷的连通设备，闲置产能可以得到有效利用，其商业价值重新发挥。同时，在高消费时代，人们可以无须购买产品所有权而通过互联网平台分享产品的使用权。创立于 2010 年 1 月的土地分享平台 SharedEarth，以分享各家闲置的土地为主要诉求，在上线后的 3 个月内，用户分享的土地即达到了 2500 万平方英尺，注册用户数 47 877 名。SharedEarth 的快速发展，是分享理念下的资源再利用所带来的创新，不仅降低了社会资源的消耗，同时也推动了社会经济的转型发展。

（三）人人参与的模式为商业共享提供了市场基础

人人参与在网络社会聚变成巨大的市场力量。无数个体或企业的参与使得散落于不同城市不同角落的闲置资产、产品、服务与个性化需求一一对接，借助互联网的力量，实现了信息对称和供需衔接，形成了庞大的市场规模，从而产生出一种新的商业现象。成立于 2003 年的淘宝网，借助互联网的技术支撑，构建了综合类 C2C 网上购物平台。2013 年 10 月，淘宝注册商户数量为 900 万家。2014 年，淘宝注册会员超过 5 亿人，活跃买家数量为 2.55 亿户，总成交额 1.17 万亿人民币。淘宝网的成功得益于人人参与的分享模式，借助互联网技术搭建供需交流平台，为无数小企业和个人提供销售产品、服务的场所，同时也吸引了数以亿计的庞大购买者，以巨大的集聚效应成为中国发展最为迅速的互联网企业。目前，淘宝网已成为中国最为成功的、人人参与的企业代表。

（四）分享观念的深入为商业共享提供了创新支持

以80后、90后为主体的消费人群，是分享理念的践行者，同时也是时尚生活的倡导者。亲近网络、讲求品质、关注性价比、注重享受是年轻一代的共有特征，他们更愿意接受新事物，也更乐于分享。无论是产品、服务、资源的提供者还是消费者，这种乐于分享的理念是企业创新发展的重要基础。滴滴打车大数据显示，专车司机中，18～34岁占64.74%（见图2-1），是专车分享的绝对主体。另一家以分享著称的企业——淘宝网，同样是年轻人占据绝对主体，小于30岁的买家占了73.6%（见图2-2）。

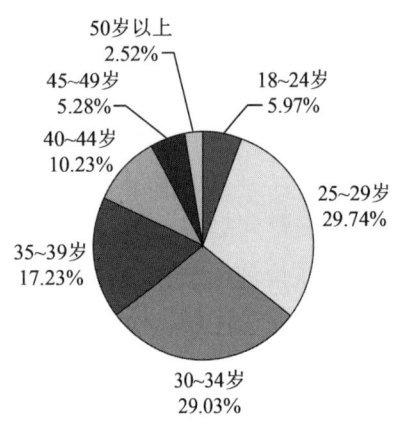

图2-1 滴滴专车司机年龄分布图　　图2-2 淘宝买家年龄分布图

数据来源：人民舆情监测室，淘宝网用户特征报告。

二、基于分享的旅游商业模式

在开放和共享的环境下，旅游企业借助互联网技术进行了卓有成效的创新实践，形成了几种基于分享的旅游商业模式。

（一）消费者经验分享模式

旅游企业借助网络手段搭建平台，消费者在平台上分享其消费经验，形成对其他人可资借鉴的有用信息，由此汇集、组建社群，形成具有海量黏性客户的UGC（User Generated Content，意即用户生成内容）旅游商业模式，如蚂蜂窝、穷游网、大众点评网等。

消费者经验分享模式中，消费者的信息分享是平台的基础。平台构建企业利用互联网技术搭建分享平台，吸引海量消费者自由分享、交流个体消费经验，包括游览、餐饮、购物、娱乐、住宿、交通的消费经历、体验和评价，并使之成为大众共享的有用信息。平台构建企业通过搭建平台，吸引消费者，保持平台的用户黏性。在此基础上，通过分析消费者分享的海量信息和消费者的活跃度，明确消费者的消费特征和消费偏好，进而提供符合消费者需求的产品和产品组合。

创立于 2006 年的蚂蜂窝，是基于游客经验分享而建立的旅游社区，目前业务范围已覆盖 200 多个国家和地区，注册用户已超过 8000 万，游客点评数量超过 1600 万条，成为游客出游前最为关注的网站之一。蚂蜂窝的商业模式是，"经验分享+攻略+产品"。游客在蚂蜂窝上分享自己的游记和旅游经历，蚂蜂窝将游客散乱的信息转变为标准化的结构化信息，形成蚂蜂窝专属的旅游攻略以及旅游目的地的旅游贴士，将酒店、航班、景点、餐厅、购物店、文化演艺等旅游信息做成标准化的旅游目的地攻略内容，便于游客快速方便地作出决策。蚂蜂窝的盈利来源：一是依靠平台凝聚的海量游客，进行旅游目的地和企业的广告推广；二是基于游客分享的旅游信息，做大数据分析，判断消费偏好和消费趋势，与 OTA 和其他旅游企业合作进行旅游产品的预售；三是在大数据分析的基础上，筛选最受游客关注和青睐的旅游产品，并与 OTA 等企业合作，由其提供后端产品，如机票、酒店、门票、文化演出票以及旅游线路等，从而获取佣金。

（二）所有者资源分享模式

资源所有者的闲置资源或低使用率资源借助平台与他人分享使用，企业通过构建供需交流、对接平台，推动双方交易的实现，构建 C2C 交易模式，如滴滴打车、途家网等。

所有者的资源分享是模式存在的基础。闲置资源及低使用率资源的存在，不仅造成资源的浪费，也降低了社会生产效率。企业借助互联网搭建平台，吸引资源所有者将资源信息放置于平台，同时借助宣传手段让更多的消费者从中找到个人所需的各种资源，如车子、房子、书籍等，并通过分割利用已有资源，实现资源效用的最大化。平台构建企业通过搭建平台、吸引供需双方、促成供需达成，最终实现集聚海量客户，抽取使用费或交易佣金等的平台价值。

成立于 2012 年的滴滴打车，是资源共享型企业的代表。滴滴打车创立之初，为了解决出租车司机行驶的低效率和消费者目的地明确的打车需求之间的信息不对称问题，实现司机和消费者之间时间、价值的最大化。随着滴滴打车的快速发展，滴滴打车开始由出租车行业未被有效利用的行驶开始转向私家车未能有效利用的汽车效能，开发出滴滴专车、滴滴快车、滴滴顺风车等新产品，实现了不同档次私家车闲置时间的利用和私家车主出行时汽车空间的最大化利用，大大拓展了汽车分享的新领域。在用车领域快速扩张的前提下，滴滴打车由用车闲置资源的深度挖掘开始转向线下用车业务的拓展，推出滴滴巴士、滴滴代驾、滴滴试驾等新业务，将乘坐公共交通工具的消费者和有良好驾驶技巧的驾驶者纳入了企业的业务范畴，APP名称也变更为滴滴出行，以囊括与出行有关的更多领域，构建用车领域的全产业链条。滴滴打车通过构建闲置资源（用车）的分享平台，对接资源所有者和消费者之间的需求，培育了海量黏性客户，并通过业务佣金、广告费等方式探索盈利模式。

（三）企业信息分享模式

利用互联网技术搭建信息分享平台，吸引旅游企业将自有资源、产品信息放置平台之上，吸引下游企业或消费者的资源、产品采购，形成B2B、B2C以及比价平台模式，如携程、欣欣旅游（含欣旅通）、去哪儿等。

企业海量信息的集聚是模式存在的基础。企业信息分享模式大致可分为两种。一种是以不同企业的同类产品信息比较为核心构建的旅游比价平台模式，为消费者提供最优的旅游产品选择，如去哪儿等旅游比价平台。这类企业充分了解并迎合了旅游企业和旅游者的需求，旅游产品提供商需要更有效的分销渠道，消费者需要更便宜的机票、酒店以及透明、可比较的产品价格，比价平台的出现，将众多旅游供应商的产品和供给价格等信息在平台上进行分享，破解了上下游企业以及企业和消费者之间的信息不对称问题，培育了海量黏性客户。去哪儿的盈利模式主要是流量收费模式，消费者通过在比价平台搜集旅游产品信息，并通过链接到达销售网站，产品提供商为消费者的访问向去哪儿付费。另一种是B2B或B2C模式，如欣欣旅游和欣旅通，涵盖了两种模式。以上下游企业之间的信息分享为核心构建的B2B模式，如欣旅通。通过平台将旅游行业上游的大商家，如航空公司、酒店、机票、景区、车队等上游企业资源和产品信息分享在平台上，下游企业如旅行社等，可以借助平台采购其所需的旅游资源、产品等，改变了过去中小旅行社无力与大旅游供应商谈判并获取其信息的情况，借助信息分享，为中小旅行社降低采购成本，提升采购效率创造了良好的平台。以企业产品和消费者之间的信息对称为核心构建的B2C分享模式，是目前OTA的主要存在形式。欣欣旅游的B2C模式，是借助欣欣旅游平台，帮助旅行社进行销售升级，各旅行社可以将自己的产品放置于欣欣旅游的网站，通过线上推广，吸引游客关注平台，并购买旅行社产品。通过众多旅行社的产品信息分享，游客可以在一个网站获取同类产品的不同组合和报价信息，从而做出最优选择。

三、价值重构的旅游商业环境

互联网时代的到来，正逐步改变工业时代的旧体系，驱动人类以合作创造新文化、新制度、新平台。企业将在互联网开放、共享特质的引领下，由控制资源转向构建开放平台，推进人人参与，学会相互依靠，实现经验、资源、信息分享下的企业发展。开放、分享、合作、共赢将成为全社会的价值主张，新的旅游商业环境、新的商业伦理也将重构。

互联网时代的旅游商业，将更加注重企业间的合作、共享，将从过去重视产业链的构建转向以共赢为核心的旅游生态圈的建设。旅游生态圈是旅游活动的利益相关者相互作用形成的经济联合体，具有三个特点。一是整合资源，构建共享平台。传统模式下，企业是产业链条上的某一个环节，存在上下游关系，上游企业的产品价格提高，势必影响下游企业的利润获取。旅游共享平台的打造，是构建圈层延展平台，吸引利益相关者进入平台，整合不同利益方的已有资源，通过平台上经验、资源、信息的分享，使所有参与者可以获得各自利益的最优结果。二是功能互补，形成核心企业。新的旅游生态圈是核心企业主导下，利益相关者共同参与组成的联合体。核心企业是平台的缔造者，同时是以做大平台作为企业的核心竞争力。以平台为生态圈打造的基础，吸引可以与平台共生、互生的企业加入，其中既包括大型的旅游供应商，也包括中小旅游企业和消费者，企业之间构建资源、产品、服务方面的互补，实现线上流量和线下产品的互补，从而实现生态圈利益或价值的最大化。三是相互协作，实现商业共赢。互联网时代的协作，是以分享为基础的协作。通过整合不同企业的优势资源或闲置资源，将资源的效益发挥到最大程度，从而提高整个生态圈的经济效益和社会效益，最终实现1+1大于2的整体效果。旅游电商的快速发展，是整合资源、协作发展的结果。当携程将不同种类、不同规模和等级的酒店纳入其预订平台，不仅大大提升了上述酒店的预订率，降低了客房空置率，同时也依靠其所吸纳的海量合作酒店，为游客提供了更多样化的选择，从而实现了多方合作下的利益最大化。

传统经济发展的理念是，积累资产和资源并通过保存、占有资源获得价值。互联网的普及，正推动经济发展方式的变化，旅游商业环境和理念正经历解构和重构的过程。当企业以拥有和占有资源为发展的基础时，会导致大量资源、信息的闲置和浪费，降低了社会生产效率。在新的时期，互联网技术的广泛应用，以及开放和共享理念的日益普及，正使经济发生巨大的变化。整合资源的能力变得比拥有资源的能力更重要，资源的分享会带来最高的效率。旅游电商的快速崛起，正是以开放、共享为发展的基本理念，通过搭建平台将相关企业和消费者集聚在一起，通过整合、协同、互补、分享实现资源的高效利用，从而实现社会、企业、消费者的多方共赢。

第三章　旅游集团：一个边界消失的谱系

当旅游消费从封闭世界走向开放的体系，旅游产业的边界也就趋于模糊了。技术、资本、创新和需求促进了旅游产业在更广范围内的发展，推动旅游业由旅行社、景区、酒店和旅游交通等传统业态向更为广泛的生活服务业转变。从打车软件、主题公园、城市综合体、在线短租到P2P导游，旅游业的发展正日益突破传统边界，扩展至和游客旅行活动息息相关的各个领域。

一、技术推动下的变革

我们正处于史无前例的创新时代，技术正成为推动传统行业变革的重要力量。互联网和移动互联网的广泛应用，推动创新型企业将技术应用和游客需求相融合，改变了游客的消费习惯，滋生出全新的旅游业态，培育出一批在线旅游企业，全面推动了旅游产业的转型升级。

（一）互联网和信息技术与旅游业的融合发展，推动在线旅游新业态的出现

在线旅游已涵盖食、住、行、游、购、娱的各个要素领域，形成了餐饮O2O、在线度假租赁、在线租车、OTA、O2O购物、互联网演艺等多种新业态，出现了易淘食、途家、滴滴出行、携程、手礼网等众多在线旅游企业。在线旅游服务内容的进一步细分，推动了以去哪儿为代表的旅游比价平台、以蚂蜂窝为代表的旅游社区等企业的发展。在线旅游已成为旅游产业发展的新生力量，在线旅游交易量逐年攀升，在旅游收入中所占的比重不断增长（见图3-1）。从2008年的486.4亿元，到2014年的3077.9亿元，七年时间增长了5.3倍，在旅游总收入中的比例也由4.2%增长至9.5%。在技术和需求的双重推动之下，在线旅游企业快速发展，并迅速成长为旅游集团的新生力量。从2009年的旅游集团20强，到2014年的20强，在线旅游企业已由最初的1家企业扩展到

4家，占据了20强集团五分之一的份额（见图3－2，部分年份有并列）。携程、去哪儿、同程、景域等旅游电商快速壮大，成为旅游集团发展的新生力量。

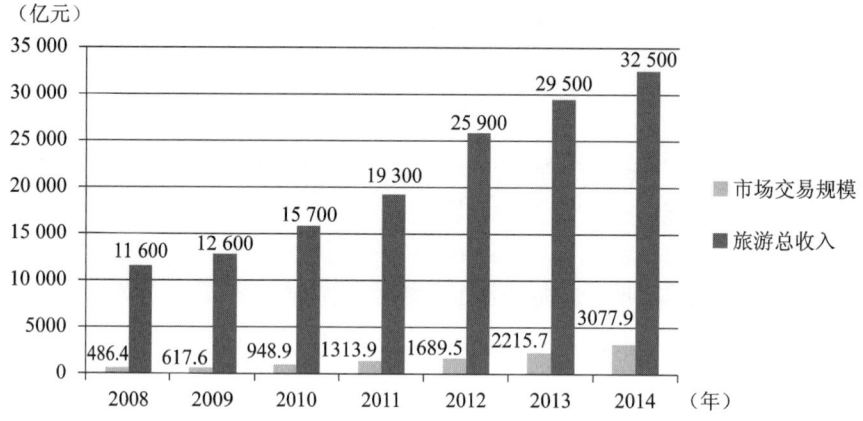

图3－1　2008—2014年我国在线旅游市场规模与旅游总收入

数据来源：国民经济和社会发展统计公报（2008—2014年）；
中国在线旅游行业年度监测报告（2014年、2015年）。

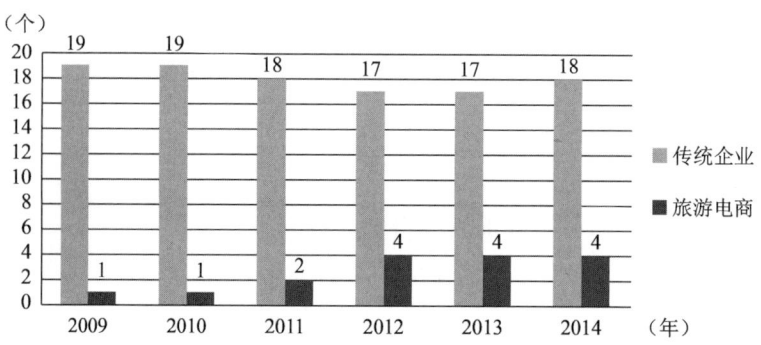

图3－2　2009—2014年旅游集团20强类别图

数据来源：中国旅游集团发展报告（2009—2014年）。

（二）互联网和移动互联网技术已成为旅游企业创新发展的重要推动力量，同时也是传统旅游企业转型发展的新动力

为适应市场和消费的快速变化，以中青旅、港中旅为代表的传统旅游企业也加速了和互联网的融合发展，借助技术手段，有效整合企业资源，延长产业链条，打造线上、线下互动发展的新模式。如中青旅提出二次创业的理念，计划用三到五年时间实现思维方式、行为方式和沟通方式的互联网化，打造企业

线上、线下融合发展的 O2O 模式。2014 年以来,中青旅通过投资遨游网和七洲网,加快了对线上流量和业务的开拓,成效显著。2014 年,85% 的中青旅咨询客户通过遨游网实现了购前咨询。2015 年第一季度,遨游网营业收入已达总收入的 63% 以上,遨游网已成为中青旅最大的销售中心。

二、资本扩张下的发展

近年来,旅游业的蓬勃发展为资本提供了广阔的运作环境,社会资本、风险资本、战略投资者广泛介入旅游产业,推动了旅游资源、产品、业态创新,加速了旅游企业的业务整合和企业间的兼并、重组。民营资本成为旅游投资的重要力量,2014 年,民营投资占全部投资的 56%,政府部门和国企是旅游投资的重要组成,两者投资占旅游总投资的 34.1%。目前,多元化的旅游投资格局已初步形成。

(一)旅游业的高增长性和良好的社会、经济效益使其备受资本关注,成为传统产业转型发展的新领域

全国排名前 5 位的房地产企业加快布局旅游产业,主要投资旅游综合体、旅游度假区、高星级酒店等大型旅游项目(见表 3-1)。万达集团加速进军旅游业,近年来累计投资或计划投资额已超过 1 万亿元,在全国并购 12 家旅行社,在长白山、无锡、广州、南昌、西双版纳、成都等地建设文化旅游城、主题公园等,全面介入旅游业各个领域;恒大地产在重庆、广东、天津等地建设世纪旅游城,拥有在建、运营酒店 18 家,并计划投资 1600 亿元建设海南海花岛,打造文化旅游综合体。能源、水利、电器、农业、保险等大型企业集团开始转型投资旅游业。苏宁旅行、国美旅行相继上线,中粮集团试水酒店业,安邦保险、阳光保险在境外收购高星级旅游酒店。不少外资和股份制企业则以直接投资、收购并购、参股入股等多种方式进军旅游业。

表 3-1 四大房地产集团投资旅游业情况

集团	投资类别	项目名称	金额	时间
恒大集团	单独投资	海上威尼斯项目	100 亿元	2012.05
	单独投资	乌鲁木齐恒大·金碧天下	—	2012.06

续表

集团	投资类别	项目名称	金额	时间
恒大集团	单独投资	恒大清远世纪旅游城	—	2012.06
	单独投资	河北旅游城	80亿元	2012.01
	单独投资	哈尔滨文化旅游城	150亿元	2012.01
	单独投资	武汉恒大·金碧天下	100亿元	2011.08
	单独投资	昆明恒大·金碧天下	—	2012
	单独投资	国际旅游城项目	—	2014.07
	单独投资	海花岛	1600亿元	2015.11
绿地集团	单独投资	济州岛"六大核心项目"中的旅游健康城	54亿元	2012.10
	联合投资	纽约太平洋公园项目	360亿元	2013.10
	单独投资	凤垭山健康文化国际旅游城项目	2.3亿元	2012.02
	单独投资	绿地国际陶瓷文化旅游城项目	200亿元	2014.06
	联合投资	新"武汉客厅"项目	—	2014.07
	单独投资	绿地国际度假村项目	—	2015.11
	联合投资	方天山世界之门	500亿元	2015.11
	单独投资	绿地·骊山花城	—	2015.08
万科集团	联合投资	空置房托管租赁	—	2015.04
	联合投资	松花湖旅游项目	400亿元	2014.08
保利集团	单独投资	东莞保利生态城	100亿元	2010.09
	单独投资	成都保利石象湖项目	100亿元	2012
	联合投资	中华养生谷生态国际度假区	55亿元	2012.11
	单独投资	三亚旅游	40亿元	2012.12
	单独投资	保利生态城	100亿元（增加）	2013.09
	联合投资	秀英港旅游综合体项目	130亿元	2014.10
	联合投资	保利·锦里项目	—	2014.09

注：项目投资情况为不完全统计。万达集团投资旅游业情况表见表4-1。
数据来源：各集团官网及相关报道。

（二）国内外资本加快进入旅游业，为新业态发展提供必要的资金支持

金融资本中，如银联国际、国开行、兴业银行、安邦保险、北银消费公司等，他们服务于消费者环球旅行的金融需求，推出银行刷卡、环球旅行卡、个人旅游贷款、旅行支票、互联网支付、旅行签证甚至提供旅行增值服务。红杉、凯雷为代表的风险资本开始在中端酒店、主题酒店、精品酒店等领域发力。战略投资者如国家开发银行、中国民生投资公司、远东宏信和中信产业基金、君联资本等也在旅游产业集聚，并试图在旅游产业领域发出自己独立的声音，这些拥有国际视野和专业投资能力的团队将是决定中国旅游产业投资、品牌创设和产品创新的基础力量，并从根本上改变职业经理阶层的话语权。国际资本对中国百姓日常及基本旅游需求的参与，也是推动中国旅游产业持续创新的重要力量。国际数据集团、富达资本、摩根士丹利、华平基金、高盛集团、海纳国际、光速创投等国际投资机构涉足我国经济型酒店、租车公司、在线住宿平台等国民大众性需求产业，积极抢占国内蓬勃发展的大众旅游市场。

（三）大型非旅集团加速进入旅游业，旅游投资主体日益多元、大额旅游投资多发，旅游业成为经济发展的新亮点和社会投资的新热点

近年来，在经济下行压力加大，社会投资增速放缓的背景下，旅游投资却逆势上行，成为当前投资的热点，旅游大项目投资不断增多。2014年，我国旅游投资百亿元以上的项目有165个，10亿元以上的在建旅游项目有1749个；2015年前三季度，旅游投资百亿元以上的项目有169个，10亿元以上的项目有1815个。旅游投资增长势头不减，2015年前三季度，全国完成旅游投资5502亿元，同比增长29%，高于第三产业投资增速17个百分点，高于全国固定资产投资增速18个百分点，表现出强劲的增长势头。

大型非旅集团加速进军旅游业。据不完全统计，2010年至今，腾讯、阿里巴巴、京东、百度、联想、腾邦国际等企业集团通过单独投资或领投，累计投资旅游业已超过350亿元（见图3-3）。其中百度3.06亿美元战略投资去哪儿、阿里巴巴和蚂蚁金服联合投资10亿美元打造口碑网、腾讯7亿美元领投滴滴打车、京东3.5亿美元投资途牛、联想集团12亿元投资神州租车、腾邦1.95亿元收购欣欣旅游，都是近年来上述企业投资旅游业的大手笔动作。腾讯、阿里巴巴、京东、百度四大互联网企业加速布局旅游业，腾讯通过投资同程网、滴滴打车、大众点评、饿了吗、面包旅行等企业，加速对OTA、租车、点评、餐饮O2O等领域的渗透，构建腾讯旅游生态圈；阿里巴巴集团在去啊·

旅行的基础上，投资快的打车、穷游网、在路上、佰程网、美团网、石基信息、美团网、口碑网、淘点点等企业，涉及OTA、旅游社区、签证、团购、信息化、口碑和餐饮等多个领域，加速抢占流量入口，完善旅游产业链条；京东投资途牛、今夜酒店特价网和邮轮海旅行网，加速在OTA、酒店和邮轮旅游的扩张；百度投资去哪儿和易到用车，契合自身优势加强旅游搜索和用车领域。联想集团战略投资神州租车，进入租车领域。大型非旅集团着眼于线上流量入口和在线旅游的发展潜力，通过投资、并购相关企业完善自身产业链条，拓宽盈利空间，对现有在线旅游企业构成威胁。

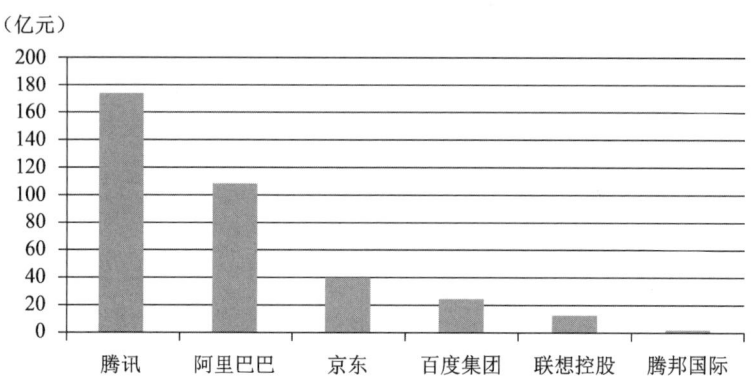

图3-3 2010—2015年部分非旅集团旅游投资额

数据来源：各集团官网及相关报道。

（四）大型旅游集团通过投资、收购，完善自身产业链条，加速构建旅游生态圈

港中旅、国旅、中青旅、华侨城集团近几年累计投资旅游项目或旅游企业已超过1400亿元（见图3-4）。四大传统旅游集团借助自有资本力量，加速对线上、目的地和旅游项目的投资，完善产业链条，强化集团竞争力。中青旅集团加速线上流量争夺，致力于打造O2O旅游模式，在加大对遨游网投资的基础上，投资七洲网，深耕境外旅游目的地，同时借鉴开发乌镇的成功经验，在北京投资古北水镇，加速线上和线下的整合发展。港中旅集团则加大对旅游目的地的拓展，在四川、河南、北京、浙江、河北等地建设旅游度假区、旅游综合体和演艺项目，通过大项目加速对旅游目的地的渗透，同时涉足旅游金融业务，打造焦作中旅银行，加速旅游和金融的融合发展，为集团旅游业务拓展和新产

品开发服务。国旅集团重点围绕集团新增长点，加大对免税业务的投资，建设海南免税城，推出中免线上商场，进一步挖掘免税业务的潜力，强化国旅的集团竞争力。华侨城集团在全国各地复制深圳华侨城的成功模式，在全国重点旅游城市投资建设华侨城、欢乐谷以及文化旅游综合体项目，进一步扩大企业在旅游地产和主题公园方面的竞争优势。

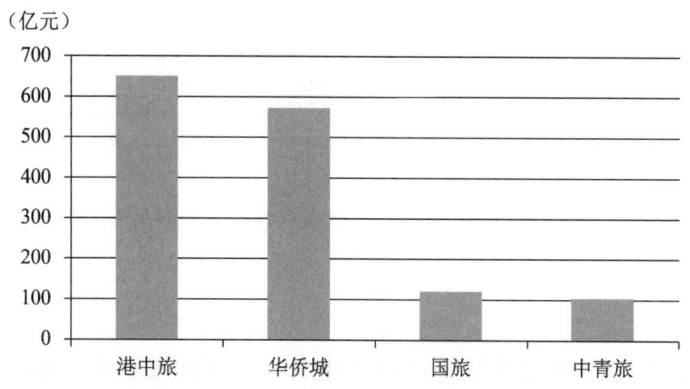

图 3－4 2009—2015 年港中旅、华侨城、国旅、中青旅集团不完全旅游投资额

数据来源：四大集团官网和相关报道。

携程、去哪儿、如家等新兴旅游集团围绕自身优势，通过投资并购等方式，做大规模、完善产业链条，进一步增强集团竞争力（见图 3－5）。携程全面拓展线上、线下业务，构建企业间相互融合支撑的新型旅游生态圈。近几年，携程加大了对线上旅游业务的全面拓展，投资途家网、中国古镇网、快捷酒店管家、蝉游记、一嗨租车、易到用车、同程网、途牛网、途风旅行网等，布局酒店预订、目的地、旅游社区、租车等业务，扩大携程在休闲度假、门票以及出境游业务上的占有率，加强线上业务的竞争力；加速线下业务拓展，投资或收购了香港永安旅游、建国酒店、汉庭酒店、大都市旅行社、华远国旅等企业，加大对线下资源的控制；通过线上线下的拓展，逐步完善携程 O2O 的旅游模式。去哪儿 2014 年投资旅游百事通和 GrabTaxi，加强线下业务拓展，将去哪儿的线上平台和流量与百事通的线下接待相结合，谋划去哪儿的 O2O 新模式。2011—2014 年，如家收购莫泰酒店，并投资帐篷客酒店，以专业精进的方式加强在酒店市场上的竞争力。

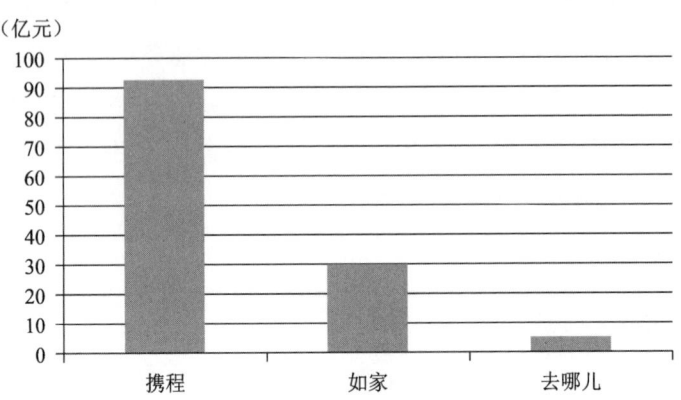

图3-5 2010—2015年携程、如家、去哪儿不完全旅游投资额

数据来源：携程、如家、去哪儿官网及相关报道。

（五）在线旅游成为旅游投资的新热点，投资额度不断增加，投资领域日趋细分

在实体项目之外，近年来资本关注的焦点越来越多地转向在线旅游领域。据不完全统计，在线旅游投资次数从2009年的5次到2014年的158次，投资金额从1亿元到542亿元，投资热度不断加大（见图3-6）。2015年前9个月，在线旅游投资次数达84次，投资总额已超过772亿元，超过2014年全年投资总额，单笔投资金额为历年最高。

随着在线旅游的发展，在线旅游业务日益细分，在线旅游投资领域从2009年的5个增加到2015年的25个（见图3-7至图3-12），涉及游客行前、行中、行后的信息获取、产品和服务预订以及经验分享等各个环节，市场细分化程度较高。从在线旅游投资热点看，OTA、旅游社区、旅游比价平台、在线用车、在线度假租赁已相对成熟，平台类企业开始向专业化、细分化领域拓展，如会议预订平台、门票预订平台、邮轮预订平台、机票预订平台、餐饮预订平台等；国内旅游已相对成熟，周边游、周末游、亲子游、户外旅行等细分市场和区域的旅游平台开始成长；旅游信息化、旅游智能化、旅游企业管理等智慧旅游类企业有所增长；出境游近两年处于快速增长阶段，细分市场的投资仍是热点。

第一编　2015年中国旅游集团发展报告
Part Ⅰ　Annual Report of China Tourism Groups Development 2015

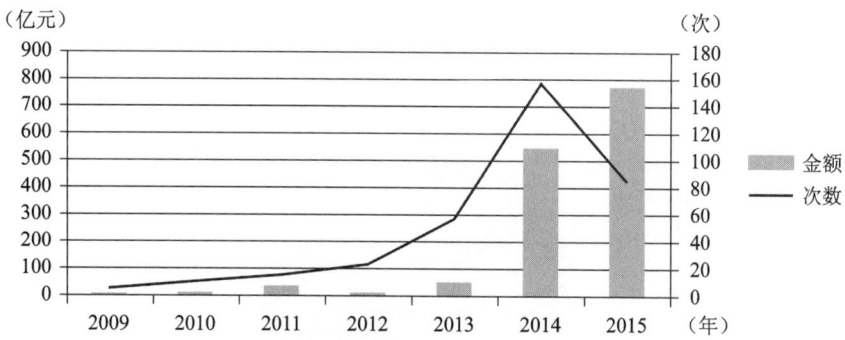

图 3-6　2009—2015 年在线旅游投资次数和投资额

注：在线旅游投资次数和投资额为不完全统计。

数据来源：企业调研和相关报道。

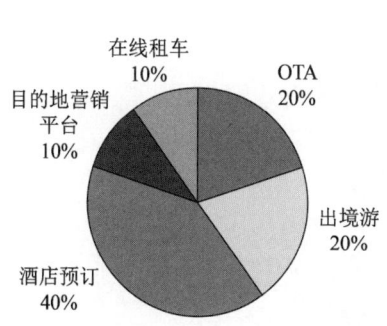

图 3-7　2010 年在线旅游投资领域

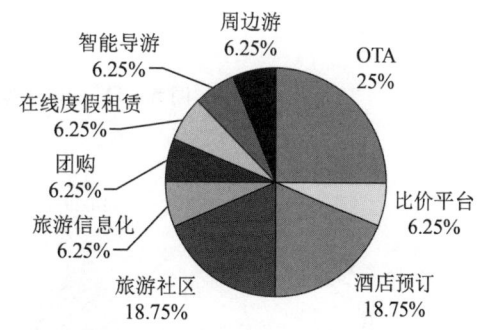

图 3-8　2011 年在线旅游投资领域

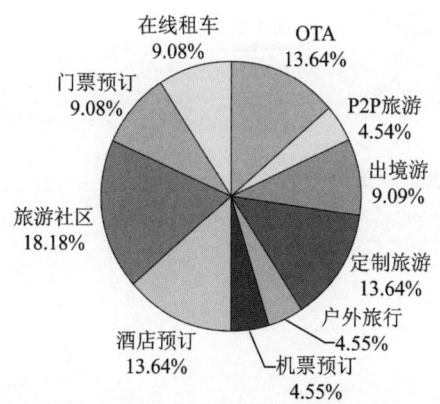

图 3-9　2012 年在线旅游投资领域

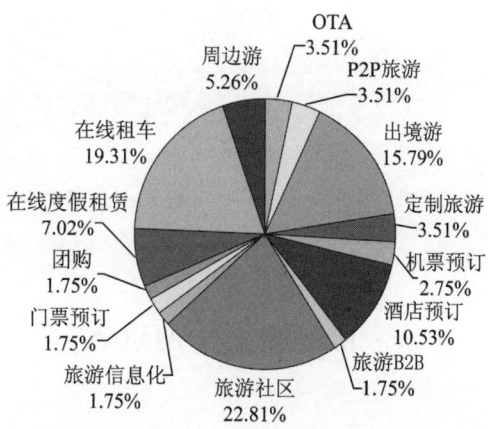

图 3-10　2013 年在线旅游投资领域

29

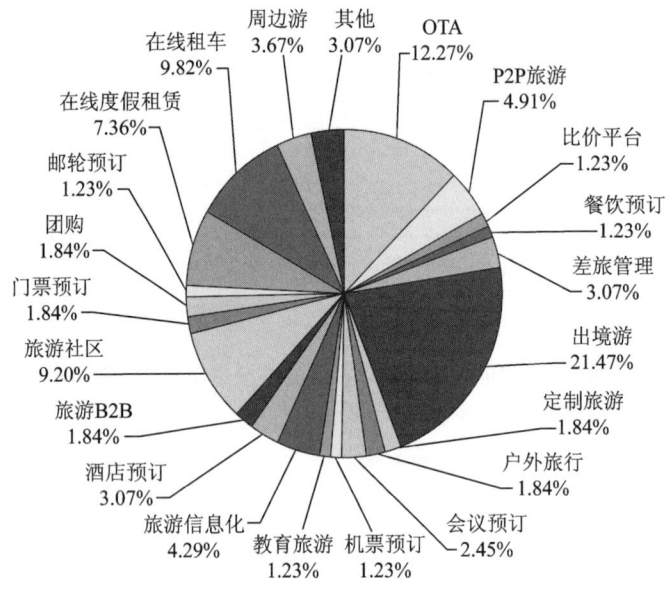

图 3－11　2014 年在线旅游投资领域

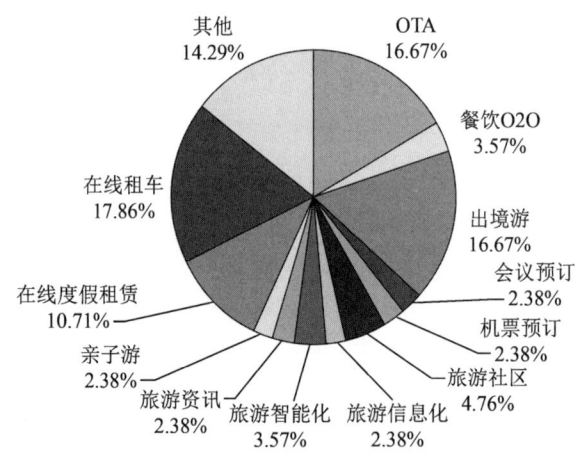

图 3－12　2015 年在线旅游投资领域

数据来源：课题组收集整理。

三、市场吸引下的进入

个性化、多样化的旅游需求、快速发展的旅游经济，成为吸引行业新力量进入的重要动力。创业者、企业、资本方的共同努力，推动了新业态、新模式、新企业的出现和发展壮大，推动了一批新旅游集团的出现。传统发展环境下存在的供需错位、信息不对称、产品和服务无法满足消费者变化的需求等问题，在科技、资本和市场联合作用下，正以全新的方式得到解决。

（一）传统旅游行业的新发展

科技与旅游的融合发展，出现了以线上旅行社为代表的OTA企业，他们通过整合资源供给企业的产品和线下消费者的多样化需求，实现了对传统旅行社行业的创新、升级。这一变化从1999年携程成立后已经开始，携程、驴妈妈、途牛、同程等一批OTA企业近年来的快速发展已证明了这一新模式的成功。一同升级发展的，还有导游行业。团队旅游时期出现的导游私拿回扣、强迫消费等问题，一直未能得到有效解决，因而限制了导游行业的发展。散客化时代，自主、自助的游客对精通本地风土人情的本地向导的需求更加迫切，为导游行业的创新发展创造了新的市场机遇，P2P导游应运而生。P2P导游借助互联网和移动互联网，搭建当地人向导和游客之间的信息交流平台，并将导游作为和酒店、机票、餐饮、门票等相同的单一产品，游客可以灵活选择。金牌导游、E地游、无期途行等一批以国内市场为主、关注旅游目的地向导服务的新企业开始出现，将被迫的导游消费变为主动、可选择的私人向导，并通过平台的审核体系和网上的评价体系，构建私人向导信用体系。同时，携程、驴妈妈、同程、途牛四家在线旅游企业还共同发起了"导游点评奖励制度"，对传统团队游模式下的导游、领队服务进行创新，通过游客点评形成导游口碑，由企业对金牌导游、金牌领队予以奖励。国内P2P导游模式在探索性进行的同时，出境游P2P发展更为迅猛，丸子地球、目的地旅行网、收留我、鲜旅客等旅游目的地向导企业的出现，为中国游客的境外自由行提供了更加便利的当地向导和更有当地特色的旅游产品。

（二）人人分享下的新模式

自由、自主、自助的散客游模式下，游客的消费需求更加多样，游客更愿意以浸润的方式接触目的地的社会生活。在此背景下，以便利游客的目的地出行和游客接触当地生活的旅游企业新模式，如在线度假租赁和在线用车等企业开始出现。这些新业态和新模式的存在是产权所有者资源分享的结果，客观上满足了游客更加个性化、多样化的旅游需求。途家网的出现，整合了散落在城市不同地点的别墅、公寓、民宿等闲置资源，为游客的异地旅行提供了多样化的住宿体验。房屋所有者通过分享闲置或暂时不用的自有房屋使用权，在获取一定收益的同时，减少了社会资源浪费，同时也为他人提供了别具特色的住宿体验。分享理念下的用车模式，也是需求驱动下快速发展的典范。传统模式下，乘客打车难、出租车空驶率高、私家车闲置时间长等问题长期存在。滴滴打车等企业的出现，解决了出租车司机、私家车主和乘客之间的信息不对称问题，减少了车辆空驶、闲置而造成的资源浪费，以创新模式实现了乘客、出租车司机、私家车主、平台企业和城市的多方共赢。2011年，国内第一个打车应用摇摇招车出现；2012年，用车软件进入爆发式增长阶段，快的打车、滴滴打车、大黄蜂、打车小秘等一批在线用车企业集中出现。在众多企业中，滴滴打车和快的打车分居南北在资本的推动下快速抢占市场（见表3-2），并成为市场的赢家。易观国际发布的《中国打车APP市场季度监测报告2014年第4季度》数据显示，截至2014年12月，中国打车APP累计账户规模达1.72亿，其中快的打车市场份额为56.5%，滴滴打车为43.3%。2015年2月，滴滴打车和快的打车实现战略合并，在在线打车市场上实现了统一，形成了寡头垄断格局。

表3-2 滴滴打车和快的打车融资情况

打车软件		金额	投资参与者	时间
滴滴打车	A轮融资	300万美元	金沙江创投	2012.9
	B轮融资	1500万美元	腾讯产业共赢基金	2013.4
	C轮融资	1亿美元	中信产业基金、腾讯产业共赢基金等	2014.1
	D轮融资	超过7亿美元	腾讯产业共赢基金、中投公司、淡马锡等	2014.12
快的打车	天使轮	16万美元	天使投资人 李治国	2012.12
	A轮融资	1000万美元	阿里巴巴、经纬创投等	2013.4
	B轮融资	超过1亿美元	阿里巴巴、一嗨租车等	2014.4
	C轮融资	不详	阿里巴巴等	2014.10
	D轮融资	6亿美元	软银集团、阿里巴巴、老虎环球基金等	2015.1
滴滴快的		近20亿美元	资本国际私募基金、平安创新投资基金、阿里巴巴、腾讯、淡马锡等	2015.7

数据来源：滴滴、快的打车官网。

(三) 竞争加剧下的新业态

随着携程、途牛、同程、驴妈妈等 OTA 企业的发展壮大，国内中长线旅游市场的竞争日趋激烈，酒店、机票等单项产品预订相对集中于几大在线旅游企业。市场竞争的加剧，推动资本和创业者将创新领域转向了更加细分的市场：着眼于近距离出行的周边游、周末游，着眼于消费者细分的亲子游、户外游，着眼于专业化预订的会议预订、酒店预订、机票预订、邮轮预订等细分型产品广泛出现，成为新业态成长的新领域。散客化和自驾游的广泛出现，为周边游和周末游的发展创造了契机。要出发、爱周游、度周末、周五旅游网等一批在线旅游企业应运而生，为游客提供周末、周边单项旅游产品和组合旅游产品，并获得了快速发展。如要出发旅行网从 2011 年成立开始，连续四年实现了500% 的业绩增长，2014 年的交易量已经超过了 3 亿。凭借对市场的准确把握和快速的发展势头，要出发旅行网已经获得了四轮融资，包括 2011 年和 2012 年的创新工场天使轮和 A 轮投资，2013 年的 B 轮 800 万美金融资，2014 年的 C 轮 3500 万美金融资。已有 OTA 企业也加大了对周边游市场的渗透，2015 年，同程成立周边自由行事业部，聚焦"酒+景"、亲子游等周边自助游核心业务，携程也成立了周边游事业部，加速抢占这一新兴市场。艾瑞咨询集团发布的《中国在线旅游行业年度监测报告 2015》显示，2014 年我国在线周边游市场规模达 108.3 亿元，在线旅游度假市场结构中，周边游占 24.1%。

市场需求的日益多元，推动了亲子游、户外游、定制游等主题旅游的发展。明星亲子真人秀节目《爸爸去哪儿》和《爸爸回来了》的热播，对亲子游市场的发展起到了推动作用；二胎政策的开放，进一步放大了亲子游市场的规模。麦田亲子游、童游网等一批亲子游企业开始出现。创立于 2014 年 1 月的麦田亲子游通过亲子游市场的 C2B 反向定制，实现对资源供应商和用户之间的批量化定制。2015 年中，麦田亲子游拥有 7000 多名会员，每名用户的重复购买周期平均为 52 天，重复性顾客比重很高。亲子游市场中，携程、同程、驴妈妈、途牛等成熟的在线旅游企业已经加快市场布局，携程发布了"亲子游"十大标准，同程推出亲子游品牌"快乐童心"，驴妈妈推出"驴悦亲子"品牌等。根据艾瑞监测数据，2014 年我国在线亲子游市场交易规模为 65.1 亿元，预计 2015 年实现 76.2% 的增长，达到 114.7 亿元，未来三年亲子游市场将呈现稳步增长趋势。

四、创业驱动下的融合

2015年,李克强总理在政府工作报告中提出要把大众创业、万众创新打造成推动中国经济继续前行的双引擎之一,创业创新上升到国家战略高度。旅游业天然的开放性、包容性、多样性的特质,使其成为最适合创业创新的领域之一。在科技、信息和需求的推动下,旅游业的创业创新如火如荼,成为当前推动旅游产业发展的重要动力。

(一)科技和旅游需求的融合,推动在线旅游领域的广泛创业

继经济型酒店、精品酒店、中档酒店的创新发展之后,在线旅游领域成为旅游创业创新的热点领域。作为国内最早的在线旅游企业,携程的发展是信息技术企业和旅游市场需求融合发展的结果。在线旅游创业,早期主要集中于OTA、旅游比价平台、旅游社区等大众化领域,随着在线旅游创业的快速增加和竞争的日趋激烈,在线旅游创业逐渐转向更加细分化的领域(见图3-13至图3-18)。对创业于2010—2015年的138家企业进行分析的结果显示:在线旅游的创业领域在广泛发展的基础上,开始着眼于细分市场,近两年则在出境游、在线租车等领域深耕发展。2013年和2014年是旅游创业细分化程度最高的两年,在专门性预订,如机票、酒店、会议、门票以及专业化服务,如智能导游、在线租车、在线度假租赁、酒店管理和信息化等领域出现了较多的旅游创业企业。着眼于消费者交通便利化的在线租车领域,在2012年如雨后春笋般快速出现,出现了滴滴打车、摇摇招车等一批在线租车企业,经过两三年的淘汰和整合,在线租车类企业大多已经消失或被收购,市场呈现较高程度的垄断。随着在线旅游竞争加剧和出境游客的快速增长,更多的创业者将创业重心放在服务中国游客的境外旅游活动上,着眼于出境旅游产品和服务的创业创新在2013—2015年快速出现,成为近几年创业者创业的重点领域。出境游的创业领域涉及满足国内游客境外旅游消费的综合性预订平台、专门性的住宿预订平台、租车平台、P2P导游、特卖产品、定制旅游、购物攻略等多个细分领域,出现了海玩网、游谱旅行、度假客、惠租车、跟谁游、未来会、游心旅行、小红书等众多创业型企业,成为近几年最具增长潜力的在线旅游领域。

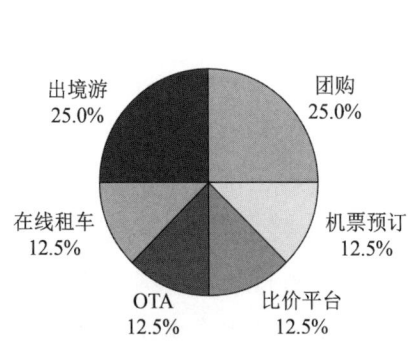
图 3-13 2010 年在线旅游创业企业类别分布

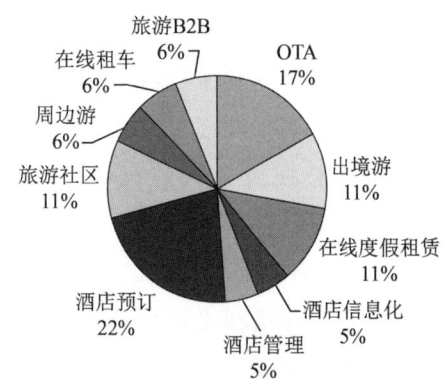
图 3-14 2011 年在线旅游创业企业类别分布

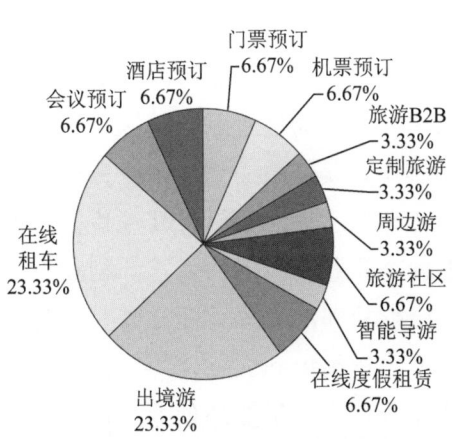
图 3-15 2012 年在线旅游创业企业类别分布

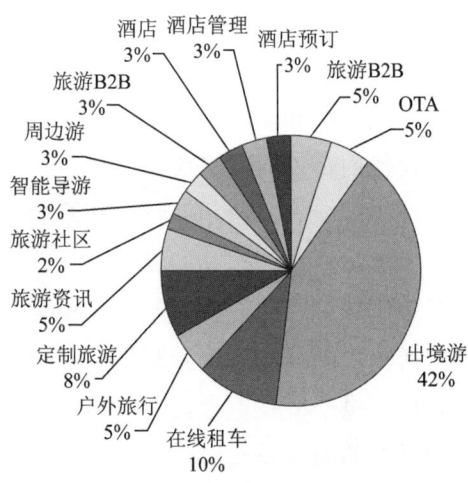
图 3-16 2013 年在线旅游创业企业类别分布

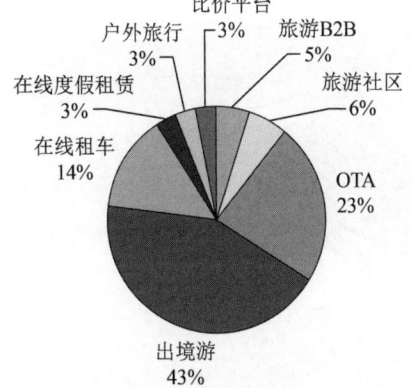
图 3-17 2014 年在线旅游创业企业类别分布　　图 3-18 2015 年在线旅游创业企业类别分布

数据来源：课题组收集整理。

（二）来自不同领域的旅游创业者，依托各自专业背景进行在线旅游创业，丰富并立体化了在线旅游的各个业态

对近五年在线旅游领域 109 名创业者创业前所处领域的分析显示，这些创业者来自于 18 个不同的行业或部门（见图 3-19），其中来自互联网企业的创业者比重最高，占 25.7%。来自互联网企业的创业者，本次创业前大多就职于国内外知名的互联网公司，如网易、腾讯、新浪、阿里巴巴、谷歌、拉手网、赶集网等，凭借技术优势进入在线旅游领域，在平台搭建、技术支持方面更具优势。比重次高的行业是在线旅游，占 16.5%，创业者本次创业前或浸润于国内知名的在线旅游企业，如携程网、去哪儿、酷讯、芒果网等相对成熟的在线旅游企业，或是连续创业者，如周五旅游网的创始人肖鹏曾创办易休旅行网，哈达旅行创始人段继奎也是 91 地接网的创始人，哈哈拼车创始人门旭光同时是第一步旅行网和车品汇的创始人，等等。这些创始人对在线旅游领域的深度了解，使他们在创业时更能找到消费痛点，抓住细分市场进行创业。来自传统旅游领域的创业者，包括旅行社和酒店，占 12.9%，是从线下到线上业务的拓展者，他们深谙线下产品的设计、生产和管理，更熟悉饭店、旅行社等传统企业的弱势所在，在创业产品的设计中更容易把握企业和消费者的需求。创业者创业前所从事的行业，除互联网、在线旅游、旅行社和酒店等行业之外，还包括计算机、电子科技、通信、网络安全、游戏等科技领域和文化传媒、公关广告等创意性部门以及政府部门等，多样化的从业背景为旅游业的创业、创新提供了多元视角和技术、创意支持，推动了旅游产业的创新发展。

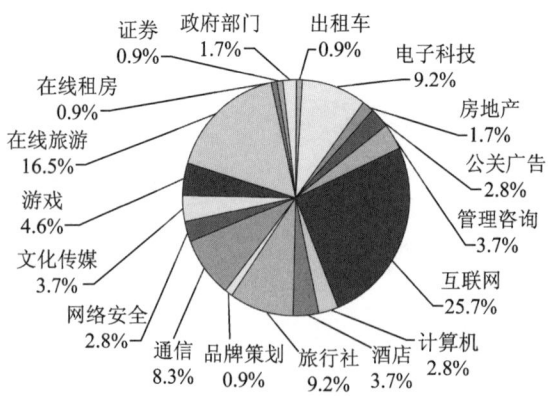

图 3-19 旅游创业者本次创业前所从事行业

数据来源：课题组收集整理。

第四章 产业实践：典型案例的理性审视

一、传统企业的跨界转型：万达集团

万达集团创立于 1988 年，是一家拥有万达商业、文化旅游、电子商务和连锁百货等众多产业的大型民营企业，形成了"研发创新——产品生产——产品销售"的业务模式（见表 4-1）。企业的核心理念是"国际万达，百年万达"，即企业规模、管理、文化达到国际级，成为世界一流企业；追求基业长青，追求长远利益。

表 4-1 万达集团的业务模式

研发创新	产品（服务）生产		销售	
自主创新 合作创新	万达商业	万达酒店	传统渠道	直接面向消费者
		万达广场		
	文化旅游	万达院线	代理商	万达旅行社 （线下）
		万达影业		
		万达城		
		汉秀		
		宝贝王		
	电子商务	万达电商		投资同程旅游网 （线上）
		快钱		
	连锁百货	百货		

经过二十多年的发展，万达集团已成为全球规模最大的商业地产企业（见图4-1）。截至2014年，万达企业资产已达5341亿元，年收入2424.8亿元，在全国开业131座万达广场，82家酒店（其中68家五星级酒店），6600块电影屏幕，99家百货店。同时，建设中的万达广场70个，酒店69个，物业面积1747万平方米。2014年12月23日，万达商业地产在港交所挂牌上市。

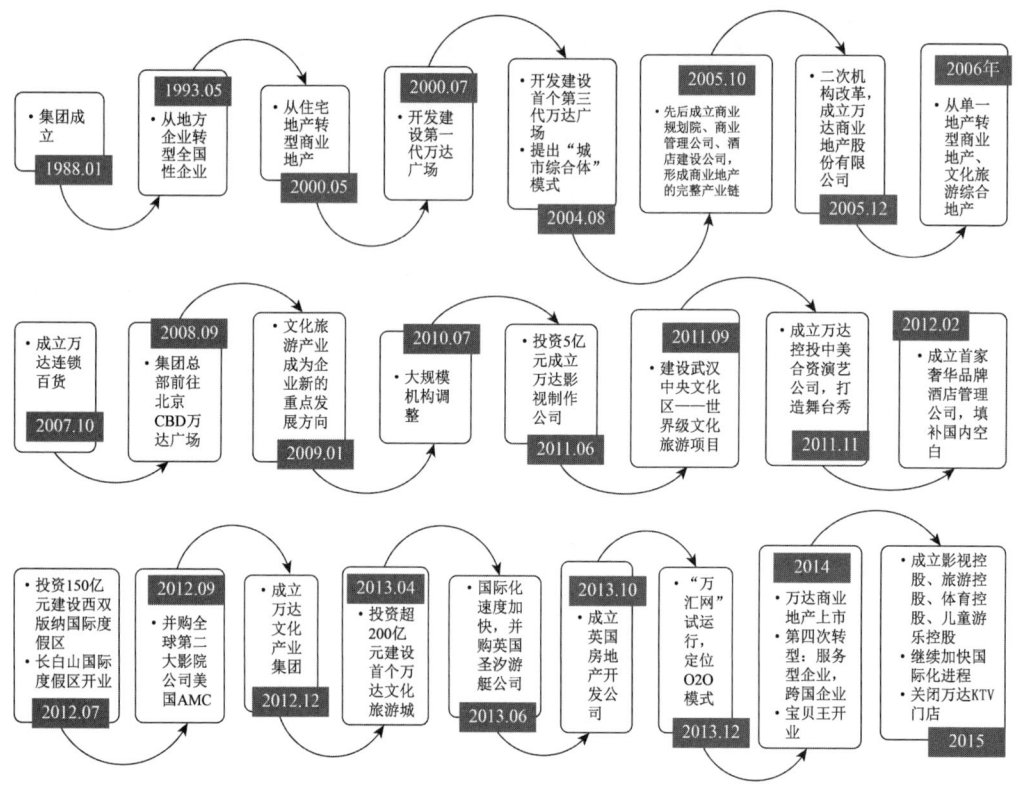

图4-1 万达集团时空扩张图

作为商业地产的领军企业，万达集团在对经济发展周期、地产行业发展极限统筹考虑的基础上，制定了转型发展的新战略。2006年，万达进入文化产业，2009年投资建设长白山国际度假区，2012年成立万达文化集团，2013年成立万达旅业投资，2014年万达旅业投资收入75亿元。按照万达集团的规划，到2020年，实现旅游到访人数达2亿人次，旅游产业年收入超过1000亿元，成为世界上规模最大的旅游企业。

从地产业界的巨头，到文化旅游领域的新生力量，万达集团走出了独具特色的新路子。

（一）转型发展增强竞争优势，做没有天花板的行业

万达集团成立后共经历了四次转型，每一次转型都是建立在对经济形势、对产业发展科学研判思考的基础之上。1993年万达由地方企业转向全国性企业，实现第一次转型，通过成功模式复制的方式，实现集团发展的空间扩张。2000年，在科学判断国家城市化发展趋势的前提下，由住宅地产转向商业地产，实现第二次转型，由单一地产业态向综合性地产业态转变，增强了企业抗风险能力。2006年，由商业地产向商业地产与文化旅游综合性产业转型，实现第三次转型，由重资产转向轻资产，由单一不动产转向不动产、无形资产并存，拓宽了企业业务领域，也为业务间的协同发展奠定了基础。

由商业地产到商业地产＋文化旅游，是万达集团持续创新，适应国民经济和社会发展潮流，主动做出的商业转型。万达集团董事长王健林曾用"绝大多数行业都有天花板，唯独文化产业是没有天花板的"，来表达他对文化旅游类产业发展潜力无限的判断。

2014年，万达集团开始第四次转型，也是最具冲击力和颠覆性的转型。这次转型有两大特点。一是地域空间的再次放大，实施走出去战略，实现跨国发展。在英国、美国、澳大利亚等国家投资酒店、游艇、影院、主题公园和商业地产等项目，在将成功模式进行跨境复制的同时，通过投资收购拓展万达集团的产业链条，增强集团在全球的竞争力。二是对企业发展方向的巨大调整，由房地产企业转向服务类企业，进一步强化企业在商业、文化、旅游、金融等方面的产业布局，通过轻资产方式逐步调整企业对万达广场的打造方式，增强万达集团在服务业中的优势地位，通过万达商业地产、文化旅游、金融和电子商务等产业的相互协作，共同促进，打造万达集团新的商业帝国。第四次转型同时也改变了万达集团战略目标的设定，从做中国一流企业转向做世界一流跨国企业。万达由此确定了发展目标，到2018年万达服务业收入和净利润两项核心指标要占集团总体的三分之二以上，服务业成为集团的重要收入来源。同时，万达还提出了"2211"工程，即到2020年，企业资产2000亿美元，市值2000亿美元，收入1000亿美元，利润100亿美元，成为世界一流的跨国企业。文化旅游业则是支撑万达集团"2211"工程实现的重要产业之一。

万达的四次成功转型证明，在不断变化的国际国内市场环境下，企业的发展必须持续创新。万达的四次转型都是在对市场发展趋势进行了科学判断的前提下进行的正确尝试。创新求变、寻找更具发展潜力的行业、减少经济周期影响，做产业间相互支撑的新商业生态圈，以更具生命力的新模式、更加灵活长远的现金流企业、灵活应变的集团政策，保障万达集团发展的可持续性。

（二）创新、科技、资本多力推动，构建文化旅游发展的"全产业链"模式

由地产企业转向文化旅游、金融、电子商务等多业融合发展的服务型企业，万达集团在文化旅游产业发展中通过快速的资本介入、融合创新、科技应用，构建了线上和线下相结合、旅游要素完善的全产业链发展模式。

1. 自主创新和产业融合创新相结合，打造新产品、新业态

（1）设立万达文化旅游规划研究院，通过自主创新打造万达自有知识产权的旅游新产品。创新是文化旅游发展的根本。优秀人才是创意的源泉，也是企业自主创新发展的保障。2013年4月17日，万达文化旅游规划研究院有限公司成立，成为万达文化旅游模块自主创新的智库。研究院主要从事万达文化产业集团旗下文化旅游产品的研发、设计和全程管控。负责室内外主题乐园、秀场、电影乐园、滑雪场等复杂业态的完整产品研发、设计，同时兼具全过程管控能力，成为万达文化集团的核心技术研发部门。文化旅游规划院现在已经超过300人，其中超过一半是外国人，另有很多中国的顶级大师。在自主创新理念的引导下，万达集团自己研发出儿童娱乐项目——宝贝王，是融儿童娱乐、培训、零售、美食为一体的儿童综合游乐项目；创意、推出自主研发的汉秀等综合性演艺项目，将最新科技和中华文化相结合，打造出将文化、科技、艺术相结合的大型演艺项目。这些拥有万达自主产权的创新产品和业态，是万达进入旅游行业后强化万达特色和品牌的重要支撑。

（2）商业、文化、旅游融合发展，打造文化旅游新业态。依托万达集团做商业地产的成功经验，将地产、商业、文化和旅游多行业相融合，通过各产业间的协同发展，打造出万达文化旅游城这一全新业态。万达文化旅游城是特大型文化旅游商业综合项目（简称万达城），集商业中心、主题乐园、演艺项目、星级酒店、酒吧街等众多业态于一体。不同区域的万达城不是简单复制，而是有不同的文化旅游内容，充分结合当地文化，体现当地特色，并综合考虑不同区域的气候条件，打造适合地方特色、室内外结合的文化旅游综合体。万达城的建设不仅能提升项目所在城市的综合品质和现代服务业发展层次，而且有助于打造更具吸引力、影响力和竞争力的城市品牌，助推城市旅游产业转型升级。目前万达城在全国已有10个项目，其中长白山度假区、武汉中央文化区和西双

版纳度假区已经开业，在建的还有合肥万达城、无锡万达城、哈尔滨万达城、南昌万达城、桂林万达城、广州万达城等7个项目。按照万达集团规划，到2020年，万达将在中国建设15家以上万达城项目，打造世界级的旅游目的地。

2. 利用互联网和信息技术，打造线上平台

互联网时代，线上平台的建设非常重要，对于企业利用线上流量和平台内容吸引黏性客户，销售线下产品，实现线上线下业务和服务的完全融合，打造O2O平台具有非常重要的作用。万达集团敏锐地捕捉到互联网和信息技术对商业模式的影响，加大了对线上业务的拓展。2014年，万达集团与腾讯、百度共同在香港注册成立电子商务公司。2015年，万达集团和百度、腾讯共同成立了飞凡网，打造"实体商业＋互联网"的综合性平台，将企业的线下产品进行线上销售，同时提供找店、停车、排队、看电影等在线服务，增强消费者的线下体验。万达、腾讯、百度将打通账号体系、会员体系、支付与互联网金融产品，为购物中心搭建Wi-Fi、Beacon等信息化基础设施建设。在联合搭建线上平台的同时，2015年7月，万达集团以35.8亿元战略性投资同程网，获取旅游线上平台入口，为万达集团的线下旅游业务提供营销支持。同程旅游是国内领先的休闲旅游在线服务商，从周边游到出境游都处于高速发展中，尤其在中国景点门票预订市场处于绝对领先位置。2014年服务人次约3000万，增长达100%。

3. 投资、收购多措并举，打造旅游全产业链

借助雄厚的集团资本，万达集团快速进入旅游业（见表4-2）。通过线上、线下同步进行，快速完善旅游要素产业，打造旅游全产业链（见图4-2）。收购线下旅行社，为集团旅游项目提供客源。万达旅业投资成立后，通过资本化运作，启动20亿元资金广泛收购线下传统旅行社，先后收购了湖北新航线国际旅行社、北京环行五洲国际旅行社、江西亚细亚国际旅行社、安徽环球国际旅行社、深圳中国国际旅行社、青岛中青旅国际旅行社、浙江光大旅游集团、无锡国旅、南京原野、南京海外旅游、南京银燕航空、湖南亲和力国际旅行社等12家旅行社，在湖北、北京、江西、安徽、深圳、青岛、无锡、浙江、南京、湖南等旅游热点省市进行旅行社布局，借助资本力量，快速组建万达自有的旅行社公司。这些被并购的旅行社，不仅要在本地区吸引客源和做地接（如在江苏的旅行社直接对应着无锡万达文化旅游城），还要在正在形成的万达旅行社的品牌网络之下，联合作战，承担跨区域引流和送团的任务。由于万达集团已经在海外开始布局文化旅游项目，因此旅行社是否具备出境组团资格也是万达

集团在选购时所注重的。万达旅行社公司已成为中国最大的旅行社之一。预计到 2020 年,万达集团仅旅行社收入就会达到 400 亿元。

表 4-2 2009—2015 年万达旅游投资表(不完全统计)

时间	项目名称	投资或计划投资金额	项目所在地
2009.8	长白山度假区	230 亿元	抚松县
2010 年初	武汉中央文化区	500 亿元	武汉市
2010.9	西双版纳国际度假区	160 亿元	西双版纳州
2011.12	马德里竞技、瓦伦西亚、比利亚雷亚尔战略合作	一期至少 2 亿元人民币	西班牙
2012.9	AMC 娱乐公司	26 亿美元	美国洛杉矶
2013.1	哈尔滨万达城	200 亿元	哈尔滨市
2013.5	合肥万达城	350 亿元	合肥市
2013.6	南昌万达城	400 亿元	南昌市
2013.6	英国圣汐游艇公司、伦敦万达酒店	10 亿英镑	英国
2013.9	青岛东方影都	500 亿元	青岛市
2013.9	无锡万达城	大于 300 亿元	无锡市
2013.10	湖北新航线国际旅行社有限公司	—	武汉市
2013.10	南宁万达广场	200 亿元	南宁市
2013.10	北京环行五洲旅行社	—	北京市
2013.11	江西亚细亚旅行社	—	南昌市
2013.11	安徽环球国际旅行社	—	合肥市
2013.12	桂林万达城	240 亿元	桂林市
2014.3	深圳中国国际旅行社	—	深圳市
2014.6	西班牙大厦	2.65 亿欧元	西班牙马德里
2014.7	芝加哥万达大厦	9 亿美元	美国芝加哥
2014.7	青岛中青旅国际旅行社	—	青岛市
2014.8	万达文华酒店	9 亿美元	澳大利亚黄金海岸
2014.8	万达洛杉矶项目	12 亿美元	美国洛杉矶
2014.9	无锡中国国际旅行社	—	无锡市
2014.9	浙江光大旅游集团	—	杭州市
2014.10	广州万达城	500 亿元	广州市

续表

时间	项目名称	投资或计划投资金额	项目所在地
2014.10	南京原野国际旅行社 南京海外旅游有限公司 南京银燕航空国际有限公司	—	南京市
2015.1	悉尼1号	10亿美元	澳大利亚悉尼
2015.1	西甲马德里竞技足球俱乐部20%的股份	4500万欧元	西班牙马德里
2015.1	快钱	3.15亿美元	—
2015.2	瑞士盈方体育传媒集团	10.5亿欧元	瑞士
2015.4	万达城、国际医疗中心、万达电商云基地	1000亿元	成都市
2015.4	万达广场、文旅项目	700亿元	广西壮族自治区
2015.4	万达广场、万达城	1200亿元	辽宁省
2015.4	万达广场	1620亿元	四川省
2015.5	万达城、万达广场	1500亿元	重庆市
2015.7	同程旅游	35.8亿元	—
2015.9	万达广场、文旅项目	1200亿元	河南省
2015.9	万达广场、文旅项目	950亿元	云南省

注：旅行社收购的资金共为20亿元

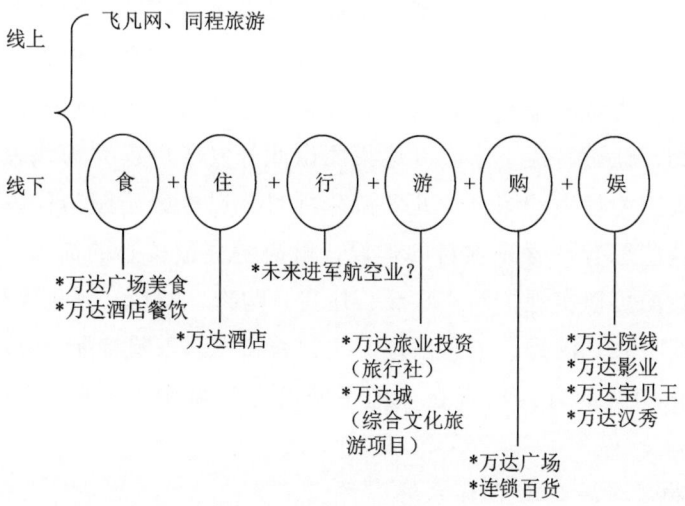

图4-2 万达全产业链图

（1）实施国际化战略，建设海外高端酒店品牌。要建设世界级旅游目的地，也需要旅游跨国经营，成为国际化的企业。为此，万达加快了在全球门户城市核心地段的布局，着力在海外打造中国品牌的高端奢华酒店。2015年1月23日，继2013年在英国伦敦、西班牙马德里，以及2014年在美国芝加哥、澳大利亚黄金海岸投资建设文化酒店项目后，万达集团收购了悉尼1 Alfred大厦和紧邻的Fairfax House大楼，计划投资约10亿美元，建设一个综合性地标项目。项目总建筑面积约8.5万平方米，内容包括超五星级万达文华酒店、公寓和商业，其中万达文华酒店建筑面积2万平方米，拥有客房160间，项目主楼高185米，建成后将成为悉尼新地标。目前，万达已在全球几个主要城市的核心地段投资建设了具有国际影响力的五星级酒店。预计到2020年，万达海外建设的酒店数量至少将达15个。

（2）自主投资建设万达城、影视演艺和主题公园项目，形成综合性业态。从长白山度假区开始，万达集团通过以自主投资为主的形式，在全国重点城市建设以万达城为主体的，融食、住、游、购、娱为一体的综合型旅游目的地，以适应散客化时代游客的休闲度假旅游需求。目前，万达城在全国已有10个项目，其中3个已经开业，7个仍在建设中。为增强万达城的综合吸引力，留住游客，万达集团自主研发、设计、投资、建设的大型演艺、主题公园等也成为万达城的标配。2013年，万达集团在青岛投资500亿元建设东方影都，建成后将成为集影视拍摄、影视制作、影视会展、影视旅游等综合性功能为一体的特大型影视产业园，在打通万达集团电影院线上游产业链条，成为内容生产企业的同时，也将成为影视旅游主题景区。综合性旅游目的地的建设需要有重量级的旅游吸引物，让游客留下来。万达集团由此开发了以汉秀为代表的大型演艺项目、以宝贝王为代表的综合性儿童游乐项目、以电影乐园为代表的主题公园项目，通过这些综合性娱乐项目的建设，解决游客最核心的需求，"有的玩"，使游客在万达城可以实现一站式吃饭、住宿、购物、游玩、娱乐等综合性需求，真正把游客留下来。汉秀、电影乐园等主题秀和主题乐园将配合万达城的建设，以和当地文化相融的方式出现在全国不同的万达城中，成为万达城的"标配产品"。

4. 逐步构建旅游O2O闭环系统

同前述举措，万达集团借助资本、创新和科技的力量快速介入旅游产业发展，通过自建和收购等多种模式，逐步完善了旅游住宿、旅游餐饮、旅游购物、旅游娱乐、主题公园、旅游综合体、旅行社等线下旅游产业要素，并通过收购快钱，打通在线支付端，战略投资同程网，获取网上流量入口，初步构建线上线下一体的O2O闭环系统（见图4-3）。

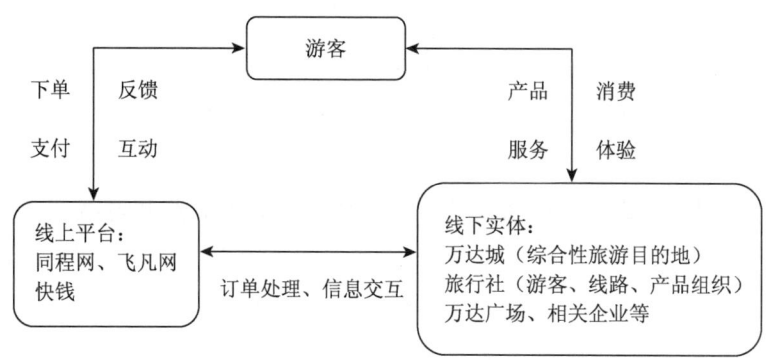

图4-3 万达集团初步构建的旅游O2O模式

从线下产业要素看，传统的旅游六要素中，除交通要素未有涉及外，万达已经在餐饮、住宿、游玩、购物、娱乐等方面进行布局，涉及了酒店、旅行社、旅游综合体、旅游餐饮、旅游演艺、主题公园等各种业态，构建了相对完整的产业链。对于交通要素，万达集团董事长王健林也明确提出，未来不排斥进入航空业，为万达的度假区项目提供便捷的交通服务。从线上平台构建看，万达通过投资同程网，着手布局在线旅游端，开拓线上营销渠道。同时，万达和百度、腾讯联合建设的飞凡网，并围绕万达的商业地产和影院提供更多线上预订、分享服务，意在构建万达自有的融吃、喝、玩、乐为一体的线上平台。从飞凡网目前的架构看，尚处于探索阶段。2015年1月，万达集团投资3.15亿美元收购快钱68.7%的股权，打通线上支付环节，为万达集团未来的O2O旅游闭环打造和旅游金融业务开展打下基础。

凭借同程旅游带来的移动互联网入口，万达旅业强大的线下旅行社、文化旅游项目以及万达城、万达酒店、万达广场、万达院线、万达影业等资源的协同整合，打通与这些设施相关的文化、娱乐、消费、商务等服务，从而形成一个完整的旅游产业链。万达旅游由此形成线上平台、线下渠道和大型旅游目的地三位一体的格局，获取海量客源，这将大大加快万达集团的转型速度，为万达未来打造世界级的旅游企业奠定坚实基础。

二、新兴企业的共享模式：途家网

途家网创建于 2011 年，是国内领先的住宿分享平台，是中国首个依托国际领先的分散式酒店管理经验和专业服务标准，紧密结合线下旅游地不动产存量以及线中优质的呼叫中心服务的新型平台，其创立弥补了中国在此领域的空白。

途家在 2012 年 5 月完成 A 轮融资，2013 年 2 月完成 B 轮融资，前两轮融资共 4 亿人民币，投资人分别是纪源资本、光速安振、鼎晖投资、启明创投、宽带资本、携程与 HomeAway。2014 年 6 月，途家宣布 C 轮融资，融资 1 亿美元，前两轮的投资人均跟进投资。本轮融资由 All – Stars Investment 领投，雅诗阁及现有投资方等跟投，华兴资本担任此次融资的独家财务顾问。2015 年 8 月 3 日，途家宣布完成 D 及 D + 轮融资，新一轮融资 3 亿美元，估值超 10 亿美元。此轮融资的完成也意味着途家正式进入代表"独角兽"互联网公司的 10 亿美元俱乐部，步入新的发展阶段。

经过近 5 年的发展，途家目前已覆盖国内 281 个目的地，353 个海外目的地，在线房源超过 38 万套。与此同时，途家已与国内 192 个政府机构签约，并与国内排名前十的房地产开发企业均达成战略合作，已签约项目超 600 个，房源储备超 60 万套，正在洽谈的房源项目超 5700 个。从融资规模、房源覆盖、房源储备、用户数量、订单数量和用户口碑等多方面来看，途家已进入规模化发展的轨道。

（一）途家度假公寓：准确把脉市场趋势

度假公寓租赁是途家的主打业务之一。度假公寓是在旅游地提供酒店式管理和服务的可租赁的公寓，集酒店、家庭为一体的住宿环境，既引进了星级酒店的服务功能和管理模式，又结合了公寓的居家感觉。具有居家体验、物超所值、房型多样、自在私密的特点，是一种新型的旅行住宿方式，适合全家出行、自由行、深度旅行和休闲养老。

中国旅游业正经历从量变到质变、从数量增长到质效提升、从粗放经营到集约发展的新变化。同时，随着我国居民旅游需求迅速增加，旅游经验日益丰富，旅游消费结构日臻完善，家庭游、自由行、深度游成为未来消费热点。而伴随老龄化程度的加深以及老年人消费观念的变化，休闲养老旅游需求日益旺盛。在"互联网+"的大趋势下,途家通过搭建网上平台,向上游整合分散在各地的度假公寓,向下游提供给游客高品质的度假用房。准确把脉旅游未来发展趋势,也就掌握了企业发展的需求基础,途家度假公寓具有巨大的市场空间。

(二)搭建平台、分享资源,与利益相关者实现共赢

在分享经济理念下,多样化、个性化、数量巨大的房源库存是途家发展壮大的关键因素。只有拥有充足的库存,有东西分享,才能更好地满足市场需求。途家通过多种方式解决房源问题,包括与房地产开发商合作的管家、托管模式、与个人业主合作的分享平台模式以及与地方政府的合作共赢模式,不仅为途家带来了巨大的商机,也因此形成了旅游企业、传统地产商、政府、游客以及当地居民的多赢。

1. 与房地产开发商合作,提高房地产的附加值,实现多方共赢

途家与地产商的合作模式为:房地产开发商向途家一次性购买管家服务,其向业主出售的房子也是带有管家服务的房子,提高了其可售性。开发商将房屋交付业主后,途家向业主提供管家式服务承诺书,并与有需求的业主签订执行合同,为其提供房屋理财服务,所得收益按比例分成(见图4-4)。

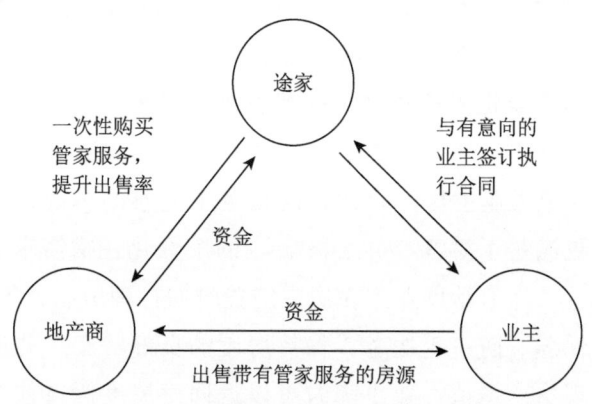

图4-4 途家与地产商的管家、托管合作分享模式

2013年,途家网、携程网与世茂集团合作,途家网为世茂集团旗下的上海世茂纳米魔幻城提供专业的托管、管家服务,并与携程网一起提供创新营销活动,实现世茂旅游地产的灵活增值,开启了途家托管业务的新篇章。

2014年11月8日,途家网与东部华侨城天麓地产合作,再次开启了"一房托管,全国度假"的商业新模式。华侨城与途家,一个是中国旅游综合体开发的标杆,一个是中国旅游资源整合的先行者。二者的合作是在充分洞察到市场需求的前提下,对互联网、旅游以及地产等多种资源的整合。与传统地产行业卖完房子就结束服务的销售模式相比,天麓通过引进途家五星级酒店管理模式,不仅解决了物业后期的持续租赁问题,更可以为业主提供一站式星级酒店管理团队的管家服务、经营托管服务、全国范围内的置换服务,让业主坐收租金分红,从而也为华侨城地产业的发展赢得了很好的口碑。2014年,途家与万科集团合作,与万科签署开放式托管服务合约,通过"管家""托管""交换入住"等方式,将业主房屋的空余时间进行出租,最大限度地实现业主资产增值。

在与国内知名的房地产开发商合作的同时,途家还与国内多家度假公寓合作,进一步拓宽途家的房屋来源。度假公寓商户享受途家为其提供的全面系统的管家服务或托管式服务,获得托管收益;途家则由此获得更多房源,并从经营收益或出租收益中分成。拥有房产的公寓商户则可以享受途家为其提供的"交换入住"服务,即业主在一个城市购买了度假物业,将可以获得途家管理的任一城市度假房屋居住权利。2014年途家与泊富国际公寓签约合作,2015年与奥园公寓签约合作。借助途家的网络平台,充分发挥公寓的分时度假功能,业主"买一套公寓,全世界免费住"的梦想转变为现实。

2. 与个人业主合作:共同经营,风险共担,利益共享

途家通过整合个人业主房产资源,既拓宽了途家的房源,又为个人房屋业主带来了收益,更满足了游客"异于酒店"的个性化住宿需求,实现了三者的共赢(见图4-5)。途家帮助业主在房屋空置时期打理房屋,为业主提供清洁、简单维修、定期保养、防虫等服务,保持房屋的良好状态,并通过将房屋闲置时间的出租,实现房产增值。业主随时可以返回房屋度假自住并与其他租客一样享受途家提供的星级酒店式服务,业主通过随时登录途家提供的基于互联网的专属系统平台,了解物业经营情况。途家通过与个人业主的合作,吸纳了大量不同风格的房屋,为游客提供了更加多样、更加优质的房源选择。由此获得的租金收益,途家和房屋业主按比例分成。

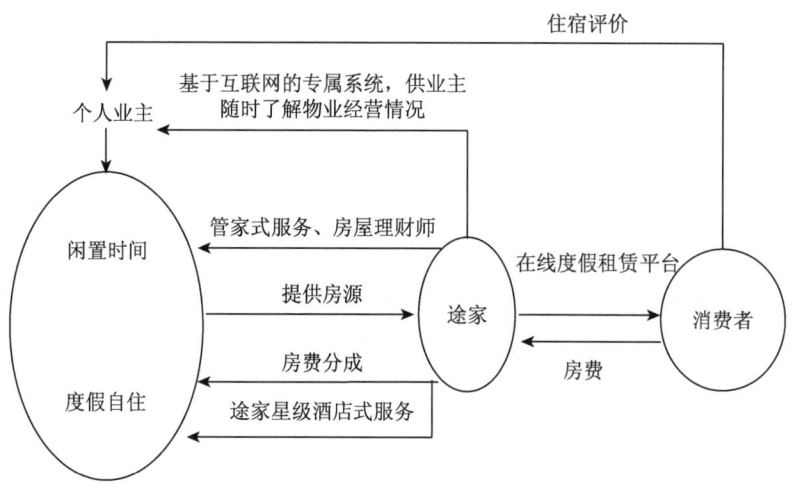

图 4-5　途家与业主的合作分享模式

3. 与地方政府合作，盘活闲置房产，提升游客的住宿体验

途家与地方政府的合作，一方面规范当地的住宿业产品，将其统一在途家网的平台上进行管理，带入订单；另一方面，通过途家自主开发当地的闲置房屋，提高房屋价值；同时，借助途家平台的宣传和营销策略，带动当地景区的住宿需求（见图4-6），从而实现途家、地方政府、景区、游客、业主等多方共赢。途家介入旅游目的地的发展，在盘活当地闲置房产项目的同时，也为当地创造了更多的税收，在带动当地旅游产业发展的同时，也为当地带来更多的客源和员工就业。

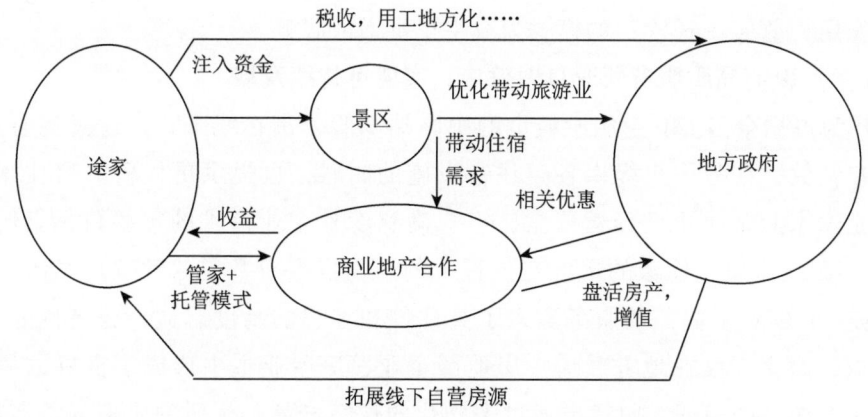

图 4-6　途家与地方政府的深度合作分享模式

以下为途家与地方政府深度合作的具体案例。

（1）与山东省的合作："好客山东到途家"。

"好客山东"与途家网的合作开创了政府和企业合作的先河，是中国休闲旅游模式的创新。这种经营模式有利于减轻山东省房产空置压力，帮助业主房屋保养及增值，为游客提供高性价比的优质房源，有利于繁荣旅游市场，增加地方财政收入、就业机会等。

（2）与福建省的合作："清新游福建，舒心在途家"。

福建省旅游局与途家达成战略合作以来，双方强强联手打造"清新游福建，舒心在途家"休闲旅游度假模式。在整合福建省闲置资源，盘活土地存量，推动优化配置等方面，为"清新福建"品牌价值注入了时尚的新活力。目前，双方的合作已经从最初的品牌联合推广逐渐扩大至全省乡村旅游及片区改造等多个方面。

（3）与上饶的合作：投资景区带动业务拓展。

作为旅游城市，上饶位于沪昆高铁、京福高铁骑跨式"十字交会"处，串联起婺源、三清山、灵山、龟峰、大茅山、神农源、铜钹山、上饶集中营等60多个各具特色的景区景点，乡村旅游是上饶最大的优势资源。途家与上饶的深度合作，是通过投资景区来发展当地旅游业，从而带动旅游住宿需求增长，进而拉动途家自身的业务发展，这开启了上饶"互联网＋度假租赁"的旅游度假模式。途家利用线上线下资源与当地政府、景区密切联动，在五年内补贴上饶市五个景区门票，补贴总额5亿元，而途家则在上饶开发其第一个地产合作项目——山河印象。山河印象占据上饶核心稀缺位置，是业主保值投资的首选，而途家用"管家＋托管"的模式为业主提供增值服务。

（三）以高品质服务获取口碑效应，实现可持续发展

作为占据全国140个旅游城市的中高端度假公寓在线平台，途家拥有庞大的用户基数，在为用户提供各类住宿设施的同时，也提供更优质的居住体验。品质是途家非常注重的经营要素，客户满意度是企业追求的重要目标。例如，2014年第三季度，途家的房源在携程上的平均点评分数是4.57分，客户的回头率是96.67%。高品质服务赢来了高评价和客户的高度忠诚，凭借良好的口碑效应，途家不仅在地方政府、房地产企业、房屋业主中形成了良好的声誉，赢得了合作方的信任，同时也通过多样化的住宿产品、优质的服务为游客提供了良好的住宿体验，赢得了游客的信任，从而保障了途家的可持续发展。

(四)途家分享模式启示

1. 合作促多赢:途家"化零为整"的分享经济模式

在现代市场竞争中,通过合作替代竞争,将分散在各地的度假公寓、闲置房产整合,通过搭建平台向游客提供高品质的度假用房,在此过程中,房屋业主获得租赁收益,游客获得多样化、个性化的旅游住宿,途家网通过共享平台获取房屋租赁收益,从而实现多方合作共赢(见图4-7)。途家的多赢模式具体体现在五个方面。第一,对房地产开发企业,途家模式可以助力开发企业销售及完善售后服务,减轻房产空置压力。第二,对游客,途家通过与企业、政府合作,为游客提供高性价比的优质度假公寓房源,吸引游客并助其实现全新的休闲度假方式。第三,对个人业主,通过提供针对旅游地产的入户式保养及保值增值方案,使个人业主省心省力且获得房产增值。第四,对度假公寓行业,通过引进国外经验,培育国内市场,促进度假租赁行业兴起及健康有序发展。第五,对地方政府,可以盘活当地闲置房产,提升地产价值,促进当地旅游景区和住宿业的发展,凝聚人气。途家的进入,在搞活市场的同时,也为当地带来了更多的税收来源,提供了更多的就业机会。

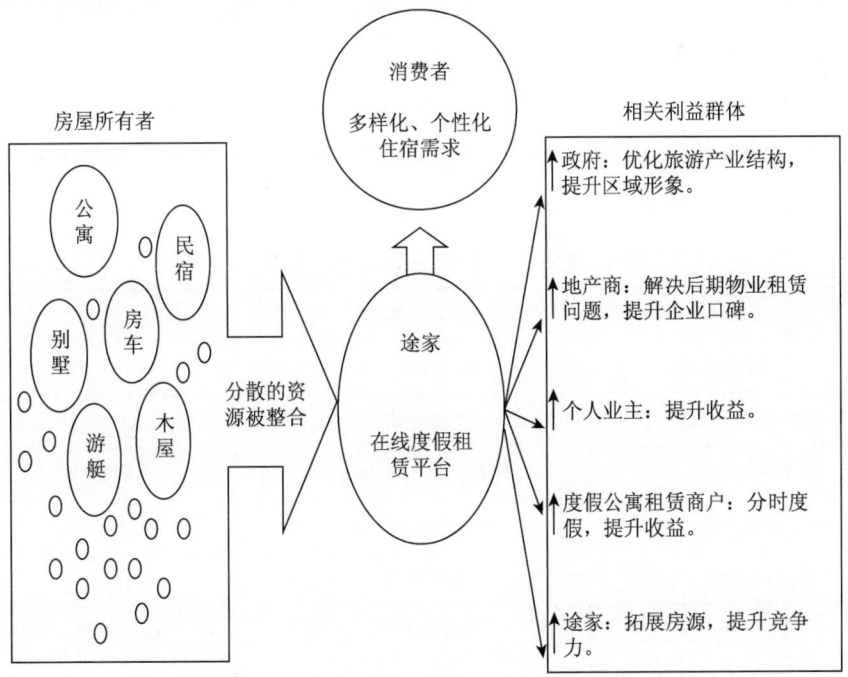

图4-7 途家"化零为整"的分享经济模式

2. 把握政策契机,加快分享经济发展

2015年8月,《国务院办公厅关于进一步促进旅游投资和消费的若干意见》的出台,提出了要积极发展"互联网+旅游",放宽在线度假租赁、旅游网络购物、在线旅游租车平台等新业态的准入许可和经营许可制度。政策的出台,为途家等在线度假租赁类企业提供了更大的发展空间和更好的发展环境,也从政策角度对在线度假租赁作出了合理性的认同。从途家发展的实际看,途家的出现,一方面盘活了闲置的房产资源,避免了社会资源的浪费;一方面为游客提供更加个性化、多样化的旅游住宿产品,提高了游客的住宿体验;同时,途家网也为旅游目的地城市、房屋业主、房地产开发商带来不同性质的增值服务,实现了多方共赢。途家的在线度假分享模式符合当前经济发展的新形势,符合国家政策的要求,因而也具有了强大的生命力和巨大的市场发展空间。

途家的快速发展,得益于其良好的商业模式。同时,也得益于途家备受消费者青睐的服务模式。途家在发展中,已经形成了巨大的黏性客户,截至2015年第三季度,途家APP已经有超过1.2亿次下载,每天有海量用户通过途家查询及预订各地美宅。同时,途家的服务模式也得到用户的高度评价,途家平台上的用户点评满意度超过4.6分(满分5分),93%的用户点评时表示会再次入住并推荐给亲朋好友。

目前,每个季度途家的订单量增长迅速,不断刷新历史纪录。从融资规模、房源覆盖、房源储备、用户数量、订单数量和用户口碑等多个维度来看,途家已进入规模化发展的通道(见表4-3)。

表4-3 途家业务拓展一览表

合作者	合作业务领域	时间
世茂集团	旅游+地产	2013.3
携程旅行网	度假公寓	2014.1
泊富国际公寓	国际公寓(长沙)	2014.8
东部华侨城	旅游地产	2014.11
万科集团	旅游度假	2015.4
无忧我房	非标准住宿	2015.7
上饶市政府	旅游地产	2015.9

第五章　产业促进：开放共享下的管理与企业群体的成长

在游客从团队旅游走向自由行、从封闭体系走向开放世界的过程中，旅游景区相应地被更加丰富多彩的目的地生活环境所取代，旅游饭店日益回归住宿业的本质，旅行社业正在加快向广义旅行服务业演进，旅游交通则向目的地交通体系转化。旅游目的地已经从传统的"吃、住、行、游、购、娱"走向目的地生活环境的总和。旅游环境的变化，要求政府部门、企业界和学界转变观念，围绕大旅游的内涵做出调整和改变。

一、政府：尽快建立、完善适应开放与共享环境的产业促进工作体系

（一）把握产业发展特征，拓宽服务、监管范畴

随着大众旅游从初级阶段向中高级阶段的演化，散客而非团队成为主流的旅游组织方式，游客在目的地广泛介入到居民常态化的生活空间。面对消费主体、消费结构和组织形式的变化，再加上市场主体的创业创新实践，政府部门应清醒地认识到：一个开放的旅游体系正在我们面前渐次打开。旅游经济运行，特别是城市旅游目的地正从一个封闭的旅游世界逐渐转向开放的旅游体系。当前我国旅游产业正在进入以大众市场和社会资本为依托，以资本、技术、年轻创业者和新业态为表征的战略调整期和新的发展阶段。我们产业的发展力量在发生变化，特别是年轻人正在改变旅游的世界。年轻人的改变既是对产业基本面的改变，也是对市场的改变及对政策和战略的改变。

对于政府旅游主管部门而言，不但要持续抓好团队旅游以及传统的旅行社、

景区、星级酒店和导游等，还应在开放的体系中越来越把散客纳入到自己的服务和监管范畴之中，以更大的政治勇气主动作为，譬如广义旅游企业发展、旅游投资、游客问题、旅游目的地管理，如旅游厕所、城市形象等。

（二）转变工作方式，推动各级政府加快政策措施创新

当前，许多政府管理方式仍然停留在计划经济时代，更加倾向于直接做项目，局限于体制内的工作范围，未能根据市场的变化及时做出调整，我们的政策往往跟不上产业的步伐。因此，应明确政府和企业主体对产业发展的共同目标：谁能够用市场化的手段，包括科技、资本和人才等，服务好国民大众持续增长且日渐变化的旅游需求，谁就是新时期的市场创新主体和产业领导力量。在当前和今后一个时期，旅游产业的制度创新和商业研发是旅游经济宏观调控在供给面的基本着力点，寻找和发现市场创新主体是旅游行业领导力和影响力的关键支撑。

旅游行政管理部门应及时转变工作方式，创造良好的政策环境，为新业态的发展提供更加宽松的氛围。对于在线度假租赁、在线租车、导游P2P、旅游互联网金融等新业态的出现和发展，在政策许可的范围内允许这些新业态的发展，在其发展壮大后给予必要的政策支持，并引导、规范其发展。

（三）推动管理体制改革，实现多方协作和综合性政策制定

积极推动旅游管理体制的改革，以迎接互联网和散客化时代到来后所带来的旅游业内涵和外延的延展，旅游管理也需要打破行业壁垒，将旅游管理放到更大的环境中进行。在国务院旅游工作部际联席会议的基础上，积极推动各地旅游行政管理体制的变革，推动更具综合功能的旅游管理机构的出现，如旅游委等。通过与相关部委联合下发文件的形式，实现旅游与相关部委的密切合作，以及旅游政策的有效实施。积极推动旅游市场管理中的联合执法制度的建立，将工商、公安、交通、物价、宗教、食药监等更多旅游相关部门纳入旅游联合执法的范围，共同推动旅游市场的秩序整治。

（四）引导形成开放与共享的旅游发展氛围，为旅游企业营造更好的发展环境

在整个旅游系统中，引导、推动形成更加开放与共享的旅游发展氛围，鼓励旅游行政管理部门、旅游企业向同行、企业、消费者、研究者分享数据、资讯和研究成果，搭建分享性平台。积极促进地区间、企业间的分享和交流，将优秀城市、优秀企业开放与共享的经验进行推广、分享、交流，带动更多地区和城市在新的分享经济理念下的发展。完善散客化时代的政府在旅游基础设施、公共服务提供等方面的主体责任,提高城市的公共服务水平。鼓励旅游企业推出更多符合产业发展实际、满足消费者消费需求的产品和服务,提升旅游服务质量。

二、旅游集团:以战略性思维和行动引领未来成长

(一)更加重视市场需求导向的发展战略

牢牢把握国民旅游休闲需求,特别是国民大众的核心需求,积极开发新产品,打造新业态。以百姓旅游需求为企业新产品开发、新业务拓展的重要指引。过去我们追求产业进步,习惯盯着高端豪华消费,盯着政府需求。现在的产业创新,一定要盯着老百姓基本的消费,关注国民大众最核心的需求,我们的思想观念和发展导向一定要跟上这个变化。从产业发展最基本的环节入手,适应散客化和互联网时代的旅游需求特征,用大旅游的思维,制定企业的发展战略。

(二)更加全面地把握旅游经济运行的基本面

旅游企业的发展,应该要在更加全面地把握中国旅游经济发展及相关产业成长的基本面的前提下,充分认识到无论是总体旅游经济形势,还是更加细分的旅游业态,旅游行业的竞争趋势一直在加剧中。要对国家宏观经济的发展情况进行系统的研究,积极抓住国家对于旅游经济发展的积极政策。去年以来,为了应对不断下滑的经济形势,拉动内需,稳定增长,国务院先后出台了《国务院关于促进旅游业改革发展的若干意见》《国务院办公厅关于进一步促进旅游投资和消费的若干意见》,积极推动旅游新热点,如休闲度假旅游、乡村旅游、文化旅游、老年旅游、研学旅行、中医药旅游、邮轮旅游、自驾车房车的发展,对于互联网和旅游业融合而生的新业态,如互联网金融、第三方支付平台、在线度假租赁、旅游网络购物、在线旅游租车等提出了明确的发展要求,也为传统旅游企业和旅游电商的发展指出了明确的发展方向。虽然整体经济发展速度放缓,但从旅游产业发展的角度看,旅游业逆势发展,正成为国民经济发展新的增长点。在对中国旅游市场和产业的基本面继续保持乐观的同时,无论是投资者、发展商,还是管理者,都应该以更理性的商业思维和与时俱进的专业能力,用创业创新的努力把旅游产业推进到一个新的繁荣阶段。

（三）全面融入互联网时代的发展潮流

科学技术特别是互联网和移动互联网与资本的深度耦合，正在深刻影响旅游产业的组织方式。对于旅游产业来说，"需求变了，资本说话了，平台多元了，更重要的是，互联网来了！"一批又一批的旅行服务创业者以"OTA"的名义，大大拓展了旅行社的内涵与外延。携程、去哪儿、7天、途家、蚂蜂窝等企业之所以很快能够成为中国成长最快或者最有投资价值的旅游企业，很大程度上可以归功于它们的互联网基因。旅游和信息技术，特别是移动互联网技术的结合为旅游领域的创业创新带来了巨大的想象空间，在线预订、电子机票、手机导游、社交媒体等仍蕴含着巨大的发展潜力。科技已经取代人力和经验，成为驱动旅游创业创新最为活跃的因素。相对于作为生活方式的旅游需求和作为生产要素的资本供给，今天的互联网已经不再是技术、工具或者商业模式，更可以视为一种价值观和思维方式。

旅游和互联网的融合，改变的不仅是商业模式和生活方式，更重要的是旅游管理者和从业者的观念和思维。旅游企业要充分把握技术革命所带来的新一轮发展机遇，要将外来游客的需求叠加到目的地的存量需求上，以最大限度地扩展市场空间；要将面向本地居民生产生活服务的公共资源、商业资源和个人的房屋、汽车等有形资产，还有知识、才能和人才等无形资产存量借助网络的力量进行有效的整合、开发，并为旅游所用，满足散客消费群体的个性化、多样化旅游需求；要在充分考虑散客消费者旅游前、中、后的不同需求，从信息提供、经验分享、产品推荐、价格比较、网络预订等不同维度提供创新产品，抓住游客基本的餐饮、购物、娱乐、交通、住宿、游览等基本需求，从而提供多样化的创新产品；紧紧抓住观光旅游向休闲度假旅游转变的机会，开发具有休闲、度假、娱乐、购物等综合业态的旅游产品。

互联网时代的到来，正改变着旅游业的发展模式。旅游产业的边界日益模糊，在资本、技术和创业者的共同推动下，面向本地居民的生活服务和面向外来游客的旅行服务将不分彼此地融合到一起，这将会是巨大的市场机遇和商业创新空间！旅游企业要紧紧抓住这次互联网革命的机会，积极推动企业的创新发展。传统旅游企业应该及时调整企业发展战略，用互联网的思维加速对传统业务的改造和创新发展。

（四）以开放和共享理念指导企业的新发展

社会正经历着技术、商业、思想意识和科学等方面的重大变革。2008年的经济危机表明，建立在自立基础上的经济和金融体系，并不可靠。社会经济的发展更需要企业之间的相互分享、相互依靠。互联网的广泛应用，为企业搭建协作、分享平台创造了前所未有的良好环境。控制资源、打造自有王国的企业运营模式，越来越不适应现在社会的发展。互联网时代，以开放和共享为模式的新业态正成为当前发展最快的经济形态。在当前时代，企业不能只关注自身成长，更重要的是重视协作和共同成长。加强企业的平台输出能力，为更多的资源供应商、服务商、消费者提供更多组合创新的机会，创造全新价值。在谷歌上随意搜索某事的结果，排在前十位的大多是非营利性的网站，它们以免费和公开的形式向社会大众提供他们所需要的资讯。以分享和开放为特征的企业，如 Facebook、YouTube、维基百科、Airbnb 等，都取得了快速的发展。开放资源、数据和平台，获取更大的协同效应，应该成为旅游企业未来的一个重要方向。通过开放和共享，搭建更大的发展平台，加快推动旅游企业的发展壮大。

（五）给予年轻人和创意资源更多的成长空间

当前我国旅游产业正在进入以大众市场和社会资本为依托，以资本、技术、年轻创业者和新业态为表征的战略调整期和新的发展阶段。旅游产业的发展力量在发生变化，年轻人正在改变旅游的世界。年轻人的改变既是对产业基本面的改变，也是对市场的改变、对政策和战略的改变。从发展趋势看，资本、技术和文创将成为推动旅游业创新发展的关键驱动力量，这些新型生产要素的背后是人的价值与尊严。一个不能吸引年轻人的行业是没有未来的，把 80 后、90 后和 00 后的旅游消费需求和职业发展导向想明白了，旅游产业才会有更好的发展。

三、社会各界：多方协作下的发展

（一）行业中介：构建更加开放多元的旅游协会体系

加强开放与共享发展背景下的旅游行业协会服务功能，积极引领各类行业中介发展。旅游经济的发展，正打破传统旅游业的范畴，由小旅游向大旅游发展，由旅行社、饭店、景区、旅游交通等直接相关行业，向旅游目的地所有为游客服务的相关行业和部门拓展，旅游行业中介的功能，也应适应新形势下的产业发展现状，积极构建更加开放多元的旅游协会体系。随着我国市场化改革的深入，旅游行业协会的传统业务不断被民间组织和商业机构蚕食。从旅游行业协会现有会员数量看，覆盖面窄，代表性不足。全国各级各类旅游行业协会会员总数仅有2万多家；而一个同程网的企业会员数量就已达到6万多家。因此，要广泛吸收各类企业加入旅游行业协会，尤其是要有效吸收代表先进生产力的旅游电商等新业态企业，更广泛地代表行业利益。在此基础上，旅游行业协会要明确自身的角色定位，积极充当行业利益的代言人，敢于站出来为行业的正当利益发声。同时加快改革，提升适应市场的能力，不断拓展旅游行业协会的发展空间，形成与产业共同发展的服务功能体系。

根据行业发展需要，积极发挥民间自发形成的协会的积极作用。同时借鉴国际性旅游协会组织自主性强，专业能力高的特点，发挥中介组织在政府和企业之间扮演的重要角色。发达国家和地区的旅游行业协会以及WTTC等全球性旅游协会组织、PATA等区域性旅游协会组织，它们的成功发展为我国旅游行业协会改革提供了许多可资借鉴的经验，它们的今天在很大程度上就是我国旅游协会的明天。尽管不同类型的国际性旅游协会组织的发展模式有所差异，但总体上都体现了自主性强、专业能力强、市场化程度高的特点。一是行业协会运作完全采取市场化的运作方式，自主性强。WTTC、PATA是旅游行业国际会员自发成立的组织，其运作不受任何国家或其他国际组织的干预，自主性非常强。日本、德国、美国、韩国等国家以及中国香港、台湾地区的旅游行业协会，通常由旅游企业自发成立，政府不对协会的日常运作进行干预。二是政府对行业协会发展给予财税政策支持。如日本、德国政府对于行业协会的发展会给予一定的资金支持，美国政府对协会的运作在税费方面进行减免。三是注重专业能力的发展。国际旅游行业协会的从业人员素质较高，一般均为相关领域的专家行家，能够为会员企业提供前沿、专业的服务。如美国旅游协会在市场促销和旅游增长，研究、分析和预测旅游产业发展方面形成了权威。中国台湾旅行业品质保障协会理事会下设14个专业委员会，由专业人员负责旅游纠纷协调、对会员的内部约束、保障旅游消费者权益、服务品质认证等业务。四是在充当行业代言人的同时积极承担一定的社会职能。发达国家和地区的旅游行业协会首先是行业利益的代表者，其一个重要职能就是代表行业和政府以及社会进行沟通。如德国旅游协会通过游说各联邦州政府调整学校放假时间，延长假期跨度，从而提高各地区在夏季假期内的客房出租率。美国旅行商协会为维护会员利益，向美国国会提交几项保护旅游者权益和终止航空公司独占权的立法报告。另一方面是承担相应的社会职能。日本、德国、中国香港特区政府主要通过向旅游行业协会授权的方式管理行业发展。

我国旅游行业协会的发展，也要适应开放与共享背景下的旅游产业发展现状，积极构建官方协会和民间协会相结合，综合性强，能吸纳大旅游范畴下传统旅游企业、旅游新业态和旅游密切相关企业，为旅游企业的发展提供更多的指导性意见和服务性功能。

（二）教育研究机构：在旅游产业演化的背景下重新确定学术研究的价值取向

1. 以学术研究引领产业发展方向

在开放与共享的发展背景下，旅游业产业边界日趋模糊，需要学术界秉承更加开放的学术视野进行交叉和融合研究，为产业发展提供必要的学术支持。在从事专业教育和理论研究时，同样需要适应这种变化，引入更多的变量，创造全新的学术观点，努力让旅游理论对现实有更好的解释力，对产业实践有更好的引导。

中国的学术一直有经世济民的应用导向之传统。当前旅游业的发展，旧的力量已经被打破，但新的力量还在酝酿，在这个时候，认真思考"旅游发展依靠谁"的问题尤其必要。总的原则是凝聚共识，让市场在资源配置中发挥决定性作用，释放民间创造力是最重要的。

政府、高校、企业和社会等方面的研究机构，应加强对旅游产业的全方面、多层次的动态研究，更多地站在企业主体、消费主体的角度对产业发展目标、发展趋势等进行研究，为旅游企业提供战略决策咨询，为消费者提供决策参考，有效引领产业和市场。特别是旅游集团的研究机构，在加强企业战略研究的基础上，把更多的研究资源投入到产业研究中，把企业成长与产业发展有机结合起来。

在开放与共享的发展背景下，企业家也是产业思想和理论的重要生产者。例如由中国旅游研究院主办的"2015中国旅游科学年会"就为梁建章博士并携程创业团队颁发2015年度"旅游思想者"称号，对携程网发力商务差旅、休闲度假市场，联手金融机构，深挖互联网技术与旅行服务应用的举措以及由此取得的成就给予了充分肯定。

旅游研究自身也应加大开放力度。应加快发展旅游研究市场，不断完善其供求体系，特别是鼓励更多的研究主体进入旅游研究领域，生产更多的旅游产业研究成果，最终有效服务旅游企业和整个旅游产业的发展需要。当前，我国正在大力建设中国特色新型智库。那些基于产业实践的旅游研究机构及其联盟，应当积极加强其"产业智囊"的作用和角色,最终在我国新型智库建设中取得与旅游产业相适应的地位。

2. 以案例研究和专业培训为旅游集团发展提供智力支持

旅游企业及其商业模式是了解产业发展的最佳载体。建立国内外典型旅游企业案例库,特别是建立年度典型企业案例库,是旅游产业研究的基础工作。旅游科研院校应充分发挥人才优势,加强案例研究和针对旅游企业的人才培训,为企业发展提供智力支持。500强中的旅游企业是案例库建设的重要内容。例如在历年的世界500强企业排行榜中,旅游企业或开展旅游业务的企业均达到数十家,其中旅游企业主要有"旅游+航运"模式的德国途易股份公司、"娱乐+公园+品牌"模式的美国迪斯尼公司、"旅游+金融"模式的美国运通公司和圣保罗旅行者保险公司、"旅游+酒店"模式的凯悦酒店集团、喜达屋集团、温德姆集团等。我国旅游集团正迅速成长,近年来以旅游+地产、旅游+航空、旅游+会展、旅游+酒店等创新业态,产生了一批旅游集团。加强对这些大型旅游集团的案例研究,有助于总结成功经验,找出存在问题,以更好地引领旅游企业的发展。

对旅游新业态的案例研究同样重要。新业态反映了互联网时代和散客化时代的游客需求,它们的成长经历和商业模式,对于新创企业和传统企业都有重要的借鉴、参考价值。企业案例库的建设,更应当将其作为一个分析、预测的系统。在建设相当完善的条件下,企业将自身参数输入该企业案例库系统,就可以得到相应的诊断报告和分析预测报告。

旅游高校、科研机构,还应充分利用自身的研究、教育优势,为创业者和企业家提供更多的专家资源、专业培训。在国内外旅游产业变革创新的大潮中,投身其中的创业者和企业家,固然是其相应领域的专家,拥有丰富的一线实践经验,然而,经过精心选择的专家资源和专业培训对他们来说仍然是重要的。现在我国每年举行一次全国旅游局长研讨班,围绕当年工作主题进行集中交流研讨,对旅游集团的交流学习具有启发意义。在高端培训领域,企业家除了参加社会提供的各种经济管理培训、进修和学习机会之外,旅游专业方面的培训变得日益重要。当前面向企业家的旅游专业培训供求条件已经成熟,相关培训项目也应提上日程。充分发挥旅游教育、科研机构的研究优势和教育培训优势,实现知识、人才与经验的分享,将为我国旅游企业的创新发展提供更多的智力支持,推动我国旅游集团更好、更快地发展。

第二编
2015 年中国旅游发展论坛实录

圆桌论坛　开放与共享：旅游企业的机遇与挑战

主持人：中国旅游研究院院长　戴斌

嘉　宾：

携程网高级副总裁　李小平

港中旅集团公司旅游产业研究院院长　陈文杰

去呼呼总裁　张泽

中信产业基金总经理　胡腾鹤

同程网创始人兼 CSO　王专

中华户外网创始人兼 CEO　张海峰

戴斌：第一个问题请问我们李总，携程网无论是从市值还是交易总额，都是行业界的翘楚，对于携程网来说，您最担心的是什么？

李小平：这么多年来，携程网一直专注于旅行服务，通过兼并收购不断扩大规模，打造新型服务生态圈。我们现在比较担心的就是对新技术的运用速度能不能跟上，我们已经在全球招募最优秀的人才，并将继续从企业文化塑造方面提升企业的竞争力。

戴斌：我们像谈话类节目一样，既不用绕，也不用转。比如说您现在担不担心张泽做完这个网站以后，游客以后就不通过携程网来预订了，会有这个可能吗？

李小平：携程网有一个专门公司，也在做非标准住宿这种模式。像张泽，他本来就是做这方面的，做得更好，我们会跟他进行各方面的分享，客户的分享。

戴斌：会跟张泽去分享客户？

李小平：我们会把他的系统接到我们这里来，导入流量，做大业务，把这个生态圈做得更好。携程网会全方位展示旅行相关产品,也愿意让任何做得好的企业在我们平台上分享他们的产品,我们的客户是多元的。首先客户能够感到方便、实惠,我们的供应商也有相应的价值回报,携程网会提供这样的平台。当然我们自己也在做。

戴斌: 企业的生产要素不可能完全企业化运作,酒店房间、酒店用品都来自市场。企业是有边界的,企业有自己的销售渠道,有可能通过OTA销售,也有可能通过自己的渠道销售。刚才李总提到的合作,张总你怎么看?会不会形成竞争关系?

张泽: 携程网现在是去哪儿的大股东,携程网其实已经做出了很明确的动作,已经对外发布了一个新闻,未来携程网都会用去呼呼的智能门锁,这也是我们去呼呼的亮点。我相信下一步去呼呼和携程之间会有更多的合作。

李小平: 门锁已经合作了,还有很多非标准的合作。

戴斌: 会不会担心供应商这个角度会做出新的平台来?我注意到网上一个新消息,铂涛集团做了铂涛旅行,这是否意味着铂涛将来会用自己的平台销售自己的产品呢?

李小平: 我们也在做一些研究,因为今后酒店也好,资源也好,渠道也好,各种模式都会共存。携程网是非常开放的,跟所有供应商合作。铂涛酒店是我们的供应商,我们也会跟铂涛做非常好的交流,讨论双方之间的合作。只要携程有价值,任何一个酒店都会愿意跟携程合作。那我们的价值在哪里?就是为所有的消费者提供更多体验好、有价值的服务。只有这样,消费者才会愿意到我们这里来。我们的平台能够比任何一个酒店自己的渠道服务更好,酒店也因此不会放弃与我们的合作。

戴斌: 刚才聊了这么多,我想听听陈院长的看法。港中旅集团有丰富的资源,有自己的旅行社,也有芒果网、青芒果网等。您觉得在未来的发展中,一个企业既做供应商,又做渠道商,这样的优势大吗?还是像携程网这样,只做渠道商,不做产品。您觉得未来港中旅集团在要素的供给上会和携程网做进一步的合作吗?

陈文杰: 我想是这样,做生意就像逆水行舟,不进则退,旅游形成的产业链比较齐全。港中旅的利润一年能有20亿元,但在旅游集团20强中,我相信还有很多排在我们前面的利润更多的企业。

戴斌: 我确认一下,港中旅集团的利润一年20亿元吗?

陈文杰：超过20亿元。但是我们有非常强烈的危机感，因为我们现在正受到很多新兴业态的冲击。港中旅由于身处旧的体制，在做这些业务时，赚钱是比较慢的。港中旅现在正在做新的战略梳理，我觉得任何生意如果能够形成一个比较完整的生态圈，就具备比较强的竞争能力。现在的旅游形态已经倒逼旅游企业要用一种更开放的态度去面对竞争，以更开放的态度面对合作者，所以港中旅现在正在优化产业链的方方面面，找到我们的核心竞争力。另外我们用一种更虚心的态度向同行学习，开放业务跟别人合作。未来港中旅的业务会依然保持连续性，但这并不意味着一成不变。我们会根据企业在市场中的竞争能力选择进退，我们会采取开放的态度，跟更多做得好的企业一起合作。

戴斌：对港中旅集团而言，如果从战略上分析，会更愿意把携程这样的公司作为未来的竞争对手还是合作伙伴？

陈文杰：携程代表着新兴业态，它的很多方面值得我们借鉴和学习。大家在这个市场上，尽管很直接的竞争并不明显，但是如果从生意角度来讲，既是竞争对手，又是合作伙伴。港中旅现在也介入到在线旅游业务，包括青芒果，也是做非标准住宿的。在这个行业里面，因为大家都是共生共融，彼此之间也存在竞争关系。但是我们跟携程确实有合作，像它们的邮轮，我们旅行社一年做的邮舱的总包超过携程网。但是它们的销售能力值得我们学习，它们也来找我们合作，它们既跟旅行社合作，也跟芒果网合作，这是包容和开放的视野，在这里面要用新的态度面对未来产业的发展。

戴斌：最近参会听到的演讲中，大家经常会谈到生态圈，有时候叫全产业链，有时候叫闭环。说实在话，我听到这些，感到有点恐惧。从企业来说，从信息的获取，到票务的预订，到资源的获得，到目的地的餐饮等，如果每个点都要布局，企业的资源、管理是否能够应对？

陈文杰：我个人到研究院的时间很短，过去更长的时间我是在投资领域和旅行社。根据我过去的行业实践，一个企业想什么都做，很可能最后什么都做不好，但是企业必须在市场中形成它独特的、别人难以竞争的核心能力，这样企业才活下来，这是企业未来的生存之本跟发展之本。但这并不意味着有了这些就要什么都做，企业必须通过上下游或者合作伙伴的合作，挖掘更多的商业内涵和商业价值，形成一个彼此之间是循环的、可以互相促进的闭环，或者圈子，这对企业无疑是有利的。我也简要地回顾一下港中旅集团，最早只是一个旅行社，后来因为市场需求介入到公园，到今天我们控股的这两个企业都还是盈利的，后来又介入到旅游交通，包括我们是深圳航空最早的发起者。企业发展过程中会根据自己的需要，根据消费者的需求不断去拓展业务。但是发展过程中也会碰到很多发展瓶颈，所以就需要战略取舍，要知道什么是适合的。这里面怎么样找到更适合自己的发展空间？我们在互联网业务方面，最近也取得了点成绩，但是我们在竞争方面，整合能力方面跟领先的企业还是有差距的。一方面我们要跟上互联网的步伐，另一方面我们不能简单地模仿。我们应该创新，找到一个既能发挥自己资源优势，同时又能够在市场上找到有生存和发展空间的这些能力。

戴斌：谢谢陈院长。我想请教王总一个问题。从同程网的客户来看，散客是不是越来越多了？在散客越来越多的情况下，他们在目的地关注最多的，给同程网带来业务量增长最大的单项产品是什么？

王专：景区门票，今年我们超过了3000万。

戴斌：3000万元的门票收入？

王专：3000万人次。

戴斌：在预订人群中，上海人到哪里去会通过同程网预订？

王专：这样的比例挺大，上海的客户占比应该超过27%。

戴斌：简单讲，非门票产品有没有发现上升的趋势？

王专：有，我们的景区事业部有1000人的团队，负责非门票相关产品的有200多人的团队，这类产品大概有150%的增长。

戴斌：跟我的判断差不多，散客越来越多，门票的收入会越来越大。结合同程网的发展战略，我们如何捕捉这样的机会？因为散客比较难，团队一来至少十个人，甚至更多一百个人，这一块既然有这个能力，获客的难度是增加的。还有一个问题是到了目的地，订单项产品，包价产品，组合起来，产品的控制率又是比较弱的，或者变得更加困难。同程网在这里面的战略是什么？面向散客市场的单项产品预订，面向生活方式的体验策略是什么？

王专：可以从两个维度谈这个问题。一是散客化趋势，现在的判断是周边旅游还有国内旅游的高度散客化。从单酒店、单机票、单产品来看，这个维度的变化是非常大的。另一个情况，我们关注到，出境旅游中，团队的比重在加大，除了冯总提到的原因，还有价格原因，因为旅行社包括批发商，以及某些拿到特殊打包资源的企业，提供的产品竞争力是非常大的。所以总体来说，周边游和国内游散客化的比重越来越大，这个趋势是无法阻挡的。出境游中，旅行社组团的地位更加凸显，这是最明显的判断。但是五年或者十年后，单纯的机票的量又会很大。这方面携程是做得最好的，它在了最前面。散客一定是趋势，目前国内和周边是这种趋势，我们发现了这个机会，所以我们提出以酒店为核心，做酒店+X。基于这个认识，我们OTA的团队彻底转型，三年前就开始转型，现在同程在周边自由行领域做到了第一。在这个过程中，整个市场趋势很难阻挡，但是会有很多风险，市场可能是有机会的，核心是能不能提供对用户来说更有价值的产品。在面临价格冲击和合作伙伴冲击的同时，如果能够提供更有价值的产品，企业就有更多的机会，如果把握住了这些机会，发展的势头就难以阻挡。

戴斌：现在携程和万达都投资了同程网，你们还会继续把股权向外界开放吗？

王专：中信有两只大的基金，胡总的基金是一只，另外一只基金已进入同程。从同程的角度看，我们非常开放，因为旅游产业那么大，一定会希望不同的团队去做。我们有不同的股东沉淀，他们所代表的企业对我们的帮助很大，所以我们会继续开放。

戴斌：接下来我们听一听胡总的。有供应商，有产品方，从您的角度来看，对从零到一，从一到二的项目进行投资，您会选择跟谁合作？

胡腾鹤：刚才戴院长的问题是如果抛开旅游目的地是吧？客观地讲，我们在座的，像携程，应该是国内最优秀的OTA平台了，是上市公司了，但我们还是看好它未来的发展空间，所以我觉得还是具有持续的投资价值的，这是毫无疑问的。同程网我们也一直在关注，一直有联系，上一轮我们实际上也看过，但各方面的原因，没有合作，包括张泽的去呼呼这种分享经济的新业态，在座的几位都是我们非常关注的，偏互联网这块我们都会广泛关注。但是这个领域我们会参与小股，做点小股权的投资。做股权投资我们一方面看趋势，另外一方面看合适的价格，合适的性价比，有时候没有做投资的很重要的原因，不是说这个公司没有价值，而是要考虑性价比在当前的情况下是不是最合适，从而做出投资判断。台上的都是优秀企业的代表，他们现在的市场价值已经得到了体现，是我们非常尊重的企业。

戴斌：投企业一是看趋势，二是看价值，是吗？会不会有一些投资者，只看团队的团结？

胡腾鹤：归根结底是看团队，互联网这个行业，核心就是看团队。我们在做投资这块，相对在后面的轮次了。就后面的轮次而言，比较中后期来做投资判断，这个时候会看团队早期时候没有数据，也要看人，从而做出更多感性的判断。但不会简单地只看感觉，还要看一些数据，来分析、验证，并长期跟踪看这个团队能不能说到做到。

戴斌： 您看团队的时候是怎么去看呢？是看他过去的业绩还是之前您对他的了解？不可能每个人都是您的朋友。

胡腾鹤： 看团队是一个艺术，没有真正成熟的、可以借鉴的套路。首先是看他做的事，是不是符合趋势，这个事情能做多大？这是一个大的方向，是不是在大的趋势上，这是很重要的一点。第二是看这个团队跟你做的事是不是很匹配，团队是不是很强？团队要做的事是递推能力比较强的还是比较弱的，最重要的是能力和你要做的事情之间是不是匹配的问题。如果这两点能做得比较好，我觉得这个团队一定是好，这两点要结合起来看。

戴斌： 考虑团队首先考虑它的匹配性，不是说那个东西很大，我能力很小，需要恰如其分的定位和定价。今天参会的还有很多创新的项目也是需要关注的，比如张海峰，你有什么问题要问胡总的？作为新创的企业，有没有问题？

张海峰： 我是抱着学习的心态来参加这个活动。大家可能对我们中华户外网不太清楚，我们的定位是在线户外活动网站。近十年，我们一直在做户外休闲，同时也做线下的活动，以线下体育支撑我们线上。我们在全国各地做一些活动，也成立了一些俱乐部，分布在全国大多数区县，现在正在帮助这些俱乐部逐渐规范。传统旅游业可能会有一些问题，用户的体验成本高，活动不是高频。我们的业态不存在这些问题，尤其三四线城市联系非常强，只要能够给他们这样一个平台，就有机会做成一个更大的产业。我们今年7月获得了湖南卫视的投资，现在他们是我们的合作伙伴。

戴斌： 大家给他点掌声好不好？他前面花了大量的时间讲自己的事情，他的自信来自于老百姓对户外活动的向往，包括他们做的马拉松，现在已经跑到南极去了。只要创业项目跟人民群众的消费需求能够匹配，企业就立于不败之地。湖南卫视都已经投资他们了，请各位继续关注这些80后、85后的投资者。

李小平： 其实他做的这些户外运动，跟携程合作会是非常好的一个结合。

戴斌： 您愿意跟他合作是吗？

李小平： 我非常愿意，我们非常开放，我们希望能把我们的平台跟他们的平台相结合。我们很多旅游产品没有这一块，比如说很多家庭到了三亚，到哪里骑骑自行车，到什么地方跑跑步，这是我们解决不了的问题，需要专业机构的支持。我们很愿意与中华户外网这样的机构合作，多交流。

戴斌：对于和中华户外网这样的机构合作，陈院长有什么看法？

陈文杰：我们都是做生意的，做生意一定是跟着市场走，一定是跟着需求走，港中旅集团有很多休闲度假区，既有汽车飘移，又有拓展活动，还有沙漠越野、滑道、蹦极等，我们的合作空间无限大，如果有需要的话我可以当一个牵线人。

戴斌：张泽虽然年轻，但也已经是一名老创业者了。能跟大家分享下你的创业经历吗？如果再创业你会奔什么方向？我相信你很快就会成功了。

张泽：我的从业经历特别简单，做过酒店集团，参与过酒店创业，参与过去哪儿的创业，做过重资产的，也做过轻资产的。所以做去呼呼的时候，就想怎么把轻资产和重资产结合，并且能够让一个相对重资产的公司寿命更长，这是当时做去呼呼的初衷。如果说有一天成功了，我不知道我是不是会离开去呼呼。假设离开，我会往轻资产的方向走，互联网的方向，旅游的方向，因为我这些年都在做旅游，最近我一直在听一个理论，传统的木桶理论，以前是提短板会导致水流掉。现在我们的理解是，不需要求全，如果你有一根长板，你把它做到足够好，你就成功了。去哪儿创立的时候，携程网当时已经占有了大量的市场份额，携程网当时已经和几千家企业合作，已经不再拓展了。这时候去哪儿就是专注做搜索引擎，没有做别的，今天携程网花了很高的代价并购去哪儿。如果去哪儿当时不是做专，而是做全的话，它可能没有机会让携程网去并购它。所以未来整个行业一定是往这个方向走，如果谁要去创业，看一看自己最长的板在哪儿，如果找准了一定有机会。这一次合并完之后，中国旅游行业又有机会了。

戴斌：你觉得合并完以后留给企业的机会是更多了还是更少了？

张泽：我觉得更多了，现在去做这块的话，好一点的企业都被收购或者已经市场垄断了，太小的企业，投资者和大企业不会去更多地关注。投资方关注的是怎么带来回报，没有竞争就不会带来关注，这时候很多小企业就慢慢起来了。在这个时候去尝试，也许最后的结局是殊途同归，可能再过十年携程网又并购了一家公司，这家公司可能也是从今天的小企业做起的。

戴斌：刚才张总谈到携程网花了高价把去哪儿并购过来，李总觉得花的是高价吗？

李小平：这个怎么看呢？这是既科学又艺术的事情。张泽说得对，成本是比较昂贵的。我在携程网已经八年了，去哪儿怎么成长起来的我是很清楚的，两家公司现在没有合并，都是独立运营的，去哪儿也是独立运营，将来也会保持这个运营状态。从本质上讲两个公司有很大的差异，不管是比价也好，更好的搜索技术也好，我觉得技术方面两家公司不分上下。去哪儿网是非常优秀的，但是客户群还是存在很大的差异。

戴斌：好的，谢谢李总。今天通过各位的讨论，我想可能有几个东西越来越明晰。第一，我们会发现，社会供给的人力资源要素、资本要素、技术要素，对我们的旅游行业越来越开放，换句话说我们可以展示的十八般武艺越来越多了。第二，服务的人群越来越广，不管是本地人的消费，还是外地人的消费，服务的范围越来越大。这个过程中，携程网把去哪儿网的并购，对整个行业来说并没有造成伤害，而是把这个领域做大了，把空间拓展了。并购以后，企业有能力去做别的研发，做更大的动作。消费需求市场和生产要素市场是充满竞争的，企业家们依然是睡不着觉的，指不定哪天又冒出另一个张泽，冒出另一个张海峰，这种危机感永远是存在的。这个过程中企业就有更多合作的空间，换句话说，我相信携程的平台对俱乐部是开放的，另外一方面去呼呼将来拿到这么多资源以后，同样会对芒果网这样一些平台企业开放的。我相信在一个开放的时代，共享首先是我们自己去共享，另外就是商业共同体之间要有共享的理念。上午我也在谈，共享的时候一定要注意和当地的社区居民共享，所以无论去呼呼未来产业的成长还是其他企业的新业务拓展，不要忘了当地老百姓的利益，企业要越来越多地照顾到投资者的利益，要照顾消费者的利益，也要照顾当地居民的利益。我希望我们各位商界领袖在自己发展的同时，要让社区居民，让员工，甚至让下一代也可以共享我们这一代付出的努力。衷心地希望我们所有的商业都能够在一种开放和共享的条件下，把自己做大做强的同时，能够泽被苍生。

谢谢大家！

第三编

2015年中国旅游发展论坛专文

全球化视野下的旅游产业布局

锦江国际（集团）总裁　郭丽娟

尊敬的杜局长，各位领导，各位来宾，各位同人：

大家上午好！

非常感谢论坛的邀请，我代表锦江国际（集团）在这里和大家一起共同学习、交流、探讨旅游业的发展。我的题目是全球化视野下的旅游产业布局。这个题目很大，我想在这方面锦江国际（集团）只是做了一些初步的探索和实践，所以在这里想从三个方面和大家做个汇报。

一、锦江国际（集团）概况

首先我简要地介绍一下锦江国际（集团）。从源头看，锦江国际（集团）是伴随着上海的对外开放发展起来的，旗下汇聚了许多知名的老字号企业，如和平饭店、国际饭店、信雅达酒店等，这些企业都是20世纪三四十年代建立的，已有七八十年的历史。其中和平饭店是1906年建立，有近百年的历史。这些老字号的落成，吸引了来自世界各国的政界要员、社会名流、商业精英，也是上海的骄傲和亮丽的名片，其中最负盛名的就是锦江饭店，之前叫锦江川菜馆，1934年创办，1951年更名为锦江国际，也是上海第一个国宾馆，目前接待了500多位国家元首和政府首脑，举办过许多具有重要历史意义的会议。这里也诞生了改变中国命运的中美联合公报，为中国外事旅游的发展做出了重要的贡献。现在的锦江国际（集团）是上海国资委全资控股的国有企业集团，于2003年6月由锦江、新亚等五大集团重组。经过十年的发展，锦江国际（集团）已经成为中国规模最大的综合性旅游企业集团之一，拥有酒店、餐饮、客运等相关企业，间接控股了锦江股份、锦江旅游等四家上市公司，近年来以酒店为代表的三大主流产业不断发展壮大,其中酒店板块积极实施了全球布局、跨国经营的国际化战略。2010年我们收购了美国洲际集团,2015年收购了法国卢浮酒店集团,战略投资了铂涛集团。同时,集团的餐饮、客运物流、旅行社等产业也保持了良好的发展势头,集团还圆满完成了2010年的上海世博会,2014年的亚信峰会等重大接待任务。此外集团还投资了上海迪斯尼,目前我们是迪斯尼的第二大股东。

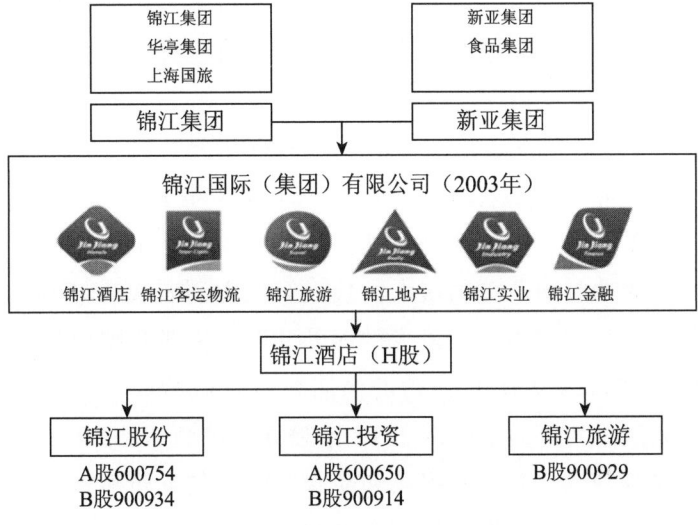

图1 锦江国际（集团）概况

酒店业	中国酒店业规模最大的酒店集团, 全球酒店业从2003年的第47位上升到第5位、亚洲第1位	
酒店布局	分布在全国31个省、直辖市、自治区300个城市, 全球55个国家和地区	
酒店总数	2003年	2015年
	105家	6000家（64万间套）
餐饮业	合资经营"肯德基""吉野家"和Pizza Express, 以及自营中式快餐和团餐业务,门店超过800家	
客运物流业	拥有10 000辆中高档出租、外事和商旅汽车, 保持国宾接待、汽车租赁和旅游服务综合接待能力领先地位 拥有低温冷藏及物流配送业务, 冷藏容量超过50万立方米（11万吨）,冷库规模全国领先	
旅行社	拥有"锦江旅游""上海国旅""上海旅行社""华亭海外""中旅国际" 等多家旅行社,营业网点近70家	

图2 锦江国际（集团）核心业务

二、国际化探索与全球布局突破

从锦江国际化进程来看，可以说分为三个阶段。第一个阶段主要是合资合作，提升能力。1981 年《国务院关于加强旅游工作的决定》，鼓励通过吸引国外资本发展旅游业。在此背景下，锦江国际（集团）采用合作方式，建设了上海希尔顿酒店、花园饭店等一批星级饭店，并与世界著名的酒店集团开展合作经营，通过合资合作，学习借鉴世界先进的酒店管理经验，并对国际市场以及跨国酒店集团的发展模式有了一定的了解。

第二个阶段是抓住机遇，借力走出去。2003 年起，锦江国际（集团）就与美国德尔集团等世界知名企业广泛开展合作。2008 年美国次贷危机爆发，美国德尔集团资产严重缩水，经过综合评估，我们认为这是走出去的非常有利的时机，以 3 亿美元成功收购了美国最大的独立第三方酒店管理集团，美国洲际酒店与度假村集团，是中国酒店业最大的海外并购。完成收购以后，第二年扭亏为盈，目前锦江国际（集团）经营的酒店数量从收购时的 228 家发展到 400 家，客房数也超过了 7 万间，管理了 17 家独立品牌酒店和 39 个连锁特许经营品牌。随着自身管理水平的不断提高和品牌影响力的逐步显现，上好佳等国外企业也主动找上门来寻找合作。2011 年 9 月锦江之星和上好佳正式签约，通过品牌授权、经营，使锦江之星品牌正式落户菲律宾，这也是中国经济型酒店品牌正式走向海外的第一例。此后锦江之星又与法国卢浮酒店集团合作，以品牌联盟等方式进军法国、韩国、印尼、荷兰。

国际化进程的第三个阶段是运用资本，全力走出去。全球金融危机以后，又爆发了欧债危机，我们发现欧洲出现严重危机，2013 年我们引进了弘毅资本作为战略资本，也出售了两家功能设施老化的老饭店。这个举措为我们实施并购奠定了强大的资金基础。2014 年 11 月集团与喜达屋签署了卢浮酒店集团 100% 股权的出售交易协议，并于 2015 年 2 月 27 日完成股权交割。我们这次收购的卢浮酒店集团是欧洲第二大酒店连锁集团，成立于 1976 年，管理和特许经营的酒店有 1000 多家，客房超过 9 万间，布局全球 46 个国家和地区，旗下有七大各具特色的酒店品牌，涵盖高端、中端和经济型酒店，在欧洲有很高的知名度，习近平主席就曾入住过其旗下的郁金香酒店。目前我们经营和管理的酒店数量从并购前的 1700 家上升到 2800 多家，客房数量从 25 万间上升到 34 万间，由原先的 9 个国家和地区，发展到 55 个国家和地区，更重要的是我们获得了欧洲市场知名度较高的国际品牌和国际营销网络，以及非常成熟的跨国经营团队。这次卢浮酒店集团的并购案例产生了重大影响，2015 年 3 月 2 日，法国外交部长专门在他的办公室接见了锦江国际（集团）的团队，希望锦江能够带动更多的中国游客到欧洲，到法国，也提出了希望锦江的欧洲总部能设在法国，法国将给予我们在欧洲发展多方面的支持。

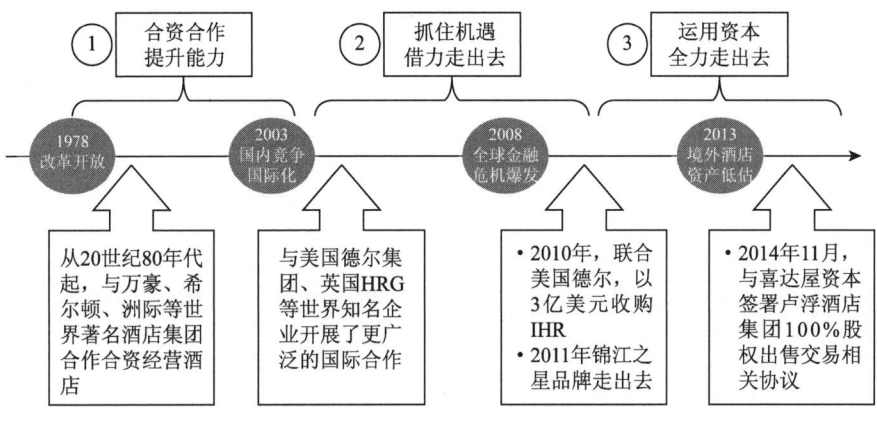

图 3　锦江国际（集团）国际化发展的"三步走"

三、体会分享

最后我谈几点体会，供大家分享。第一是把握市场发展的趋势，众所周知，中国酒店业可以说是改革开放以来最早对外开放的一个产业，从我们第一阶段来看，也正是因为对外开放，我们开始对外合作。2003 年集团重组以后，针对国内竞争和国际化的市场格局，我们开始主动将国际发展作为未来的目标和努力的方向，也希望对照国际标准提升自身参与竞争的能力，并希望有一天能代表中国的酒店走向世界。近年来中国旅游业的蓬勃发展，尤其是出境游的快速发展，进一步坚定了我们走出去的信心，我们认为走出去不仅能充分发挥我们的品牌优势、客源优势，同时也有助于促进中国旅游业加快走向世界。

第二个体会是要在企业内部形成国际化发展的战略共识。2011年国务院国资委制定的国企改革发展战略就提出有条件的国有企业要走出去，要培育具有国际竞争力的世界一流企业。2013年上海市委市政府也出台了上海国资国企改革20条，进一步明确了要形成5到8家全球布局、跨国经营、具有国际竞争力和品牌影响力的跨国集团。锦江作为5到8家企业之一，得到了上海市委市政府的全力支持，为此锦江国际（集团）也是牢牢把握这么一个大好时机，宣传动员、达成共识，通过充分沟通、论证，最终将全球布局跨国经营写进锦江改革的15条，这对于我们集团上下起到了统一思想、凝心聚力的重要作用。

第三个体会就是深化改革和创新转型相结合。作为国有企业和传统的服务业企业，锦江国际也面临着历史包袱和体制机制等诸多方面的问题，尤其是实施国际化战略过程中，更加认识到与国际一流企业的差距。在推进国际化的进程中，我们取长补短，倒逼改革，不断完善企业，提升创新发展能力。下一步我们将继续坚持资本运营与产业经营两轮驱动，继续推进全球布局，同时通过全球资源整合和产业协同，全力打造旅游服务产业链，实施产业加互联网的平台战略，积极导入卓越绩效管理模式，全面提升集团的核心竞争力。

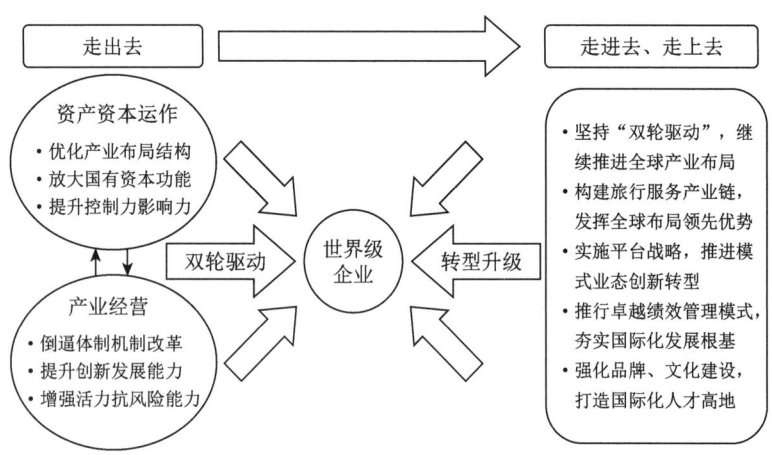

图4 推进改革创新

最后一个体会就是坚持合作开放共赢。回顾过去我们与美国的合作，引入喜达屋资本，包括与卢浮酒店集团建立品牌联盟，还有引入弘毅资本作为战略合作者，这些合作不仅积累了经验，降低了风险，形成了战略互信，在国际购并当中，我们这些合作伙伴也发挥了重要作用。包括这次卢浮酒店集团的并购也是基于我们过去跟他们品牌互信合作的基础，还有喜达屋资本最终选择我们，这些都是基于我们长期的合作和信任。我们也深知迈向世界级企业的路还很长，借此机会，非常感谢在座的各位长期以来对锦江国际（集团）的关注、支持，我们也希望能够有机会和大家一起联手，走出去。锦江在全球的这些资源、布点，也愿意跟在座的同人们共享，最后让我们合作开放共赢，共同为建设中国旅游强国做出贡献。

谢谢大家！

从旅行服务到移动生活
——众信旅游的商业思考与发展战略

众信旅游董事长 冯 滨

各位领导：

大家好！

刚才听了锦江国际（集团）郭总的发言，感觉锦江国际（集团）和在座的很多企业老总都是我们旅游行业的主力部队，像我们这样的旅行社属于八路军和武工队，我们讲的是战术方面的事情，大集团讲的是中国旅游行业战略层面的事情。我个人认为虽然旅行社做的是战术层面的小事情，但是旅行社也是支撑旅游行业的基础，如果我们努力奋斗，旅行社也同样可以获得和锦江国际（集团）等大型国有企业一样的行业自豪感。

今天我的题目是《从旅行服务到移动生活》，这里面有两个事我要考虑。第一，众信国际旅行社说，是旅行，不是旅游。这反映了消费者现在出行的心态和行为在慢慢地发生着变化，消费者从以前的希望通过旅行社出门溜达溜达，看看外面的世界有多精彩，逐步到现在的多样化选择，多目的出行的旅游方式。这是我理解的第一点。第二，移动生活。大家都知道众信国际旅行社是移动互联网的新兵，底下在座的携程、去哪儿，都是中国旅行社行业的领军性企业，包括现在的同程网，包括美团，这都是旅游行业的新锐，他们才是要跟大家探讨新思维、新模式的人，我们传统旅行社应该用我们的思路和想法探讨一下这个问题。我想可以从物理的方式，来探讨怎么移动和行走。经过这个思考，我认为所谓的移动生活，可以理解为如何在异地为消费者的移动生活做有效的服务。现在消费者的行为发生了根本性的变化，像我们这样的地面部队，直接服务于消费者出境的、出行的公司也要跟上消费者的思维，应该跟着他们的思维去发展。沿着这个思路，关于旅行社的运营，我们也做了一些事情，下面我就向各位领导汇报一下。

一、跟团游仍是主要的出境旅游方式

从中期来看，跟团游仍然是中国出境游领域非常重要的部分，尤其是在二线、三线的城市，太多的消费者还是第一次或第二次出国，出国经验不足，还是有些紧张，需要像我们众信国际旅行社这样的旅游公司来给予配合，买个飞机票，做个签证，然后把他们护送到国外去，继续提供我们众信旅游后期的服务。我们在2014年1月初上市之后，第一件事情就是跟我们出境旅游的另外一个强有力的竞争对手竹园国旅联盟。联盟的目的很简单，就是巩固我们产业链核心的旅游地。我们想尽一切办法给消费者提供有效的产品，丰富的产品，目的地更多一些的产品，我们想尽一切办法鼓励消费者在各个地方进行消费，这是我们核心的竞争价值。我们踏踏实实为这些观光客进行有效的服务，这是众信旅游未来发展的核心基础，没有这个谈不上其他。所以只有牢牢把握住这个基础，才有机会来往下、往前去发展。我觉得光抓住核心观光客的基础其实不够，众信旅游也得继续努力。随着中国出境人数不断增加，观光客确实越来越多，但是度假客人的比例也在不断提高，度假客的方式已经不再像接受国外再教育这样简单的目的，也有是因为要体检或者商务的一些活动，等等，他们出行的主要目的不是为了观光、旅游，这样的客群应该如何抓住？如何为他们服务？如何能够在他们身上赚到钱，这是我们要考虑的问题。

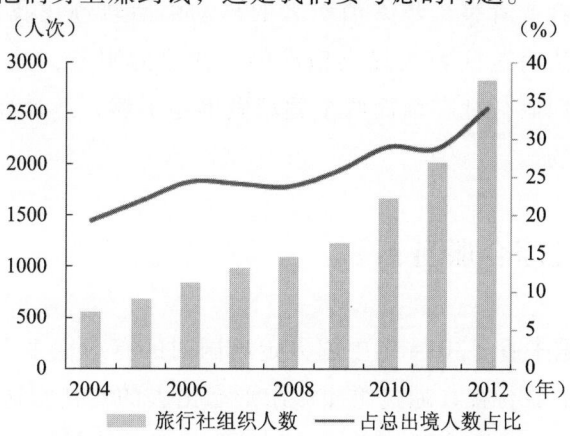

图1 出境游客中通过旅行社组织的比重增加

二、"新消费"一代崛起

第二个发生的变化就是80后,特别是90后成为消费的主体。他们的行为方式有他们的特点,他们愿意为好的有品质的产品埋单,也更加愿意为好的服务埋单,这是第一个特点。第二个特点是80后和90后特别愿意自力更生,艰苦奋斗,什么活都愿意自己干,机票啊、签证啊,都不用我们旅行社,都是自己来,能够采用境外的一些好的适合于他们的旅行产品。现在中国的消费群体出国出境行为已经慢慢发生了变化,未来的度假、个人出行等慢慢变成了一种趋势,在这种前提之下,我们自己也要跟着变化——在出发地赚不到这些人的钱了,我们得想办法随着他们的移动,为他们提供有效的服务。在这个时期,我们的第二个步骤就是非常重视资源端的布局。我们相继在欧洲还有美国,甚至未来还会跟泰国和日本进行一些有效的整合。在这里边我要说两方面的事情。第一方面我觉得掌控资源的公司要比我们更理解中国消费者的旅游方式,他们采集的旅游产品要比中国的批发商更加贴切中国消费者的需求。第二方面是为了迎接更多的度假客人,希望通过跟当地旅行社的联盟,能够尽快采购一些现在非常时髦的碎片,将这些碎片重新整合之后,提供给终端的消费者。我们跟德国的开元合作,现在已经能够接待三四万人。还有巴黎,他们也是做集控的公司,美国的天益游这家公司也是一样,一天能够接待游客1000多人,一年接待中国游客大约10万多人,我们也和他们开展紧密的合作,最终我们走上了联合的道路,到那个时候可能送往美国的游客要达到40多万人。现在中国的消费者或者整个华人消费者的移动生活轨迹比我们想象的要快得多。我们要想办法为这些客人提供精准的、便捷的服务,其本质就是异地化的生活服务。我们旅行社在前面两个领域做得还不够,还需要继续往前发展,努力开垦新的市场。

三、做出境综合服务商

从官方的数据来看,2014年中国人走出国门的有1亿多人。1亿多人到底有多少是通过我们旅行社,通过组团旅游形态出去的?其实这是我们旅行社行业,不敢说旅游行业,要真正去考虑的问题。通过旅行社或者通过旅行这个形态出去的人还是有很大一部分的,但绝对不是全部,只是一部分,另外一部分如通过移民、通过游学、留学等这些方式出去的,跟旅行社从头到尾就没有一点关系。为什么这些去异地生活的人跟我们没关系呢?

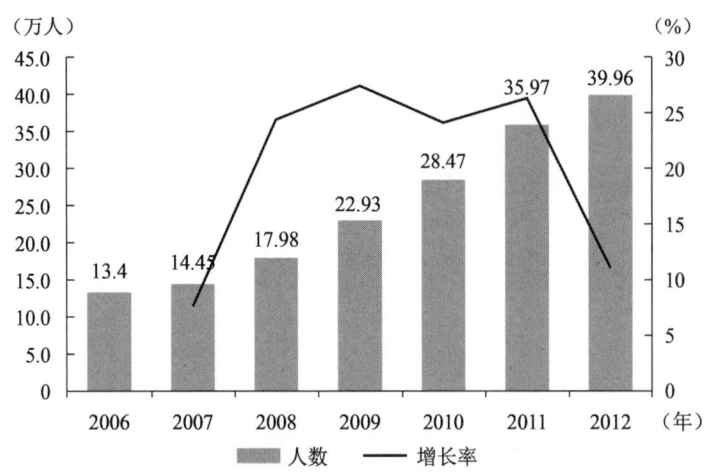

图2 中国出国留学人数逐年增加

我觉得一定要想办法搭建一个中国人出境的平台,要想办法服务更多的出境的中国人。举几个例子,游学市场有30%的毛利,旅行社的毛利,好一点的有11%~12%的毛利率,差一点的有4%~5%的毛利率,这是什么买卖?辛辛苦苦做了一年,最后是土耳其人把俄罗斯人的飞机打下来的,这跟中国有什么关系?但中国人都不去土耳其了。所以旅游行业是很脆弱的,但是游学是刚性需求。现在旅行市场越来越常态化,家长都特别愿意带着自己的孩子出去看看,学一学语言等。游学市场为什么跟我们旅行社行业没关系?到现在为止,我确确实实觉得这个市场应该跟我们有关系,因为我们比专门做游学机构的中间机构要成熟,我们对机票熟,对酒店业不陌生,我们有太多太多的优势,所以我们得想办法进入这个市场。游学这个市场的空间很大,除了游学本身,留学所产生的消费,如金融消费、租房等相关消费也不小,我们应该想办法为这个群体提供服务。

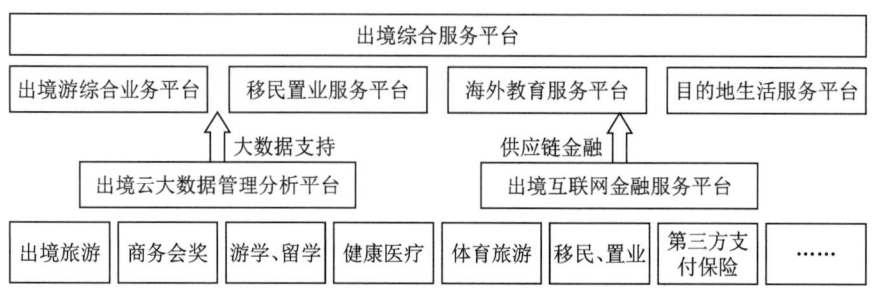

图3　出境综合服务平台

此外，从移民市场看，现在中国的移民市场确确实实越来越大了，北京人移民可能有一个特殊问题，就是北京有雾霾，因为雾霾的原因而移民。我们如何能够为这些移民者，在他们移动生活的时候，在他们移民的目的地提供有效的服务，这是我觉得要去共同探讨的问题。我们要打造首家布局出境综合服务平台的企业，为出境者提供全方位的异地生活服务，众信国际旅行社发展战略的三个步骤是前后连贯的，就是由目前的旅游服务为主，到中期旅行服务再到全方位的旅行服务，众信国际旅行社会想尽一切办法，把这个夙愿达成。要为出境游客在旅游方面、教育方面、金融方面、医疗方面等提供全方位的服务。国外的当地客人要去法国玩的时候，买一个门票，但他的父母要从出发地，去欧洲观光的时候，去美国观光的时候，是不是可以想到众信国际旅行社？当他的孩子要留学的时候，能不能让他想到众信国际旅行社的服务？当他居家迁移的时候，有没有办法让众信国际旅行社为他操点心？我觉得这就是服务本身，我们一定要想办法，通过服务本身把我们目前旅游的低频生活，逐步变成旅行的高频生活，这是众信旅游的愿景。当听到锦江国际（集团）收购了卢浮酒店集团的时候，作为旅行社的同人，我们可能比你们还高兴，因为众信旅游一年输送到欧洲的客人有30多万人，明年有可能会达到40万~50万人。卢浮酒店系列是属于中国人自己的酒店，我们中国的游客选择住中国人的酒店，这个能不能也跟上，来一个配合？我觉得大家是共赢的，我们赶上了这个时代。我特别希望跟在座的企业，无论是民营企业，还是国有企业，一起把各自的优势发扬光大，共同赚应该赚到的这份钱。

谢谢大家！

互联网与现代酒店发展

首旅酒店(集团)董事长　张润钢

尊敬的杜江局长,各位同行:

大家好!

会议主办方让我谈谈互联网+酒店,这个题目很时尚,但从实践角度看,一方面它未来的操作空间极大,另一方面在业内要推进这个工作也是困难重重。

谈到酒店与互联网,大家首先谈到的就是OTA。最近三年酒店业进入了寒冬,2013年全行业亏损12亿元,我讲的是星级饭店,2014年亏损59亿元,2015年我想可能亏损介于12亿~59亿元之间,可能更接近59亿元这个数字。但是同时我们看到,OTA在2013年的佣金数量是33亿元,2015年马上就要过去了,从我目前了解到的情况看,今年OTA拿到的酒店行业的佣金应该比33亿元翻一番。这些年来,酒店业和互联网企业一直爱恨情仇不断博弈,这个博弈在未来一段时间内可能要长期地持续下去。我们谈面对酒店的互联网企业,不仅仅是OTA,还有阿里旅行,还有点评类的网站,像驴评、大众点评,还有优酷,几乎垄断了星级评论90%的业绩。如果把这些互联网企业进行分类的话,除了OTA代理形式以外,还有阿里这种平台形式,还有网评形式,像空中时速这种资源整合的模式,还有信息高速公路的模式。这么多面向酒店业的互联网企业,对酒店业构成了极大的挑战和极大的机遇。我们看到酒店业态构成上已经发生了很大的变化,我们之前谈酒店的业务构成喜欢谈硬件加软件,今天可能就变成了线上业务和线下业务,线下业务就是我们以前所熟悉的硬件加软件,线上业务就是互联网+酒店,这是一个极大的挑战。未来一段时间,酒店人所做的工作,就是求得酒店业务中的线上线下均衡发展,我们现在讨论线上业务,并不是我们忽略线下业务,包括客人的一餐一宿和基本服务。当然今天新的互联网形式下，酒店新业务又需要线下给予指导和帮助。

2016年，要特别关注线上业务几方面的问题。第一，OTA。刚才我们讲了面向酒店行业的互联网企业那么多，但现在看来，对酒店行业介入最深的是OTA。大家知道一个多月以前，OTA层面发生了一个很大的事情，就是携程把去哪儿网吃掉了，吃掉了去哪儿网以后的携程网，加上原来的业务，目前在饭店业的市场占有率已经超过50%了，在这么一个行当里面已经是很大的占有率了。携程网最近在酝酿着提高对酒店的佣金。最近我们还要关注携程网完成了法律层面的合并以后，后续的资本和业务的整合，这对酒店行业未来一段时间会有深远的影响。所以一方面我们关注他们自身的整合，另外一方面我们关注他们的佣金，当然更重要的是，我们酒店人要思考如何和OTA博弈。最近十几年饭店业和OTA基本上是一种模式，就是饭店委托OTA订房，反过来OTA向饭店收佣金，这已经成为一个定式了。我们还能不能找到其他合作的路径？我相信是有的。2014年我们做了一个尝试，我们收购了南苑集团，他们的客房平均出租率一直在60%左右，我们研究了OTA的形态，研究了去哪儿网和携程网的竞争关系，我们找去哪儿网谈，就是把空余的40%的房量中的35%交给去哪儿网做库存，然后我们向OTA收取佣金，我们的交易合同签了1亿1000千万，时间长达28个月。1亿1000万的金额不大，但是通过这个案例的运作，给我们最大的启示，不仅仅是委托OTA订房，然后给他们佣金，而是这些模式对于酒店人会更有利，只不过在过去的这些年里面，基本上是OTA和互联网人研究我们的业态，而我们饭店人还是更多局限在自己30多年形成的所谓与国际接轨的经验里，我们很少研究OTA，所以我们饭店人经常感觉到被OTA算计。相当长的一段时间内，我们在跟OTA的博弈中存在着自己主动出牌的机会，关键看我们的努力如何。这是我想讲的2016年乃至未来一段时间内，我们酒店人的线上业务，就是互联网+的问题。

第二，酒店行业连锁经营的第三种模式。大家知道酒店集团从形成到现在将近100多年了，基本上两个模式，一个以资产为纽带，一个以品牌为纽带。在2012年前，中国也好，全球也好，酒店连锁经营的模式基本上就是基于这两种形态。由于互联网的迅猛发展，以信息技术为纽带的新的互联网酒店模式已经呼之欲出了。雅高集团的更名，看似很小的动作，实际雅高的战略已经发生了很大的调整，他们的系统已经向全球单体经营的酒店开放，他们希望通过这个举措联合所有单体经营的酒店，形成一个新的模式。2015年5月，首旅酒店和石基信息、阿里签署了一个战略合作协议，准备 2015 年底或者 2016 年初推出一个合资公司，这个合资公司的业务形态和雅高是一样的。大家知道中国的星级饭店大约 15 000 家，连锁化程度不到 12%，这 15 000 家星级饭店当中，80% 的前台管理系统基本都是一样的系统，这几年的快速增长因为信息纽带模式而出现了可能，所以外有雅高，内有我们现在的一些实践，2016 年我们谈互联网+酒店，这是值得我们关注的第二个问题。

第三，客源系统。2015 年 6 月底 7 月初开元集团和湖南华天集团等六大集团打造了一个客户联盟。11 月，海航牵头联络四个集团又做了同样的事情。12 月我们公布了和如家重组的方案，和如家的重组我觉得可以给首旅带来很多正面的效应，比如说我们的酒店规模会急剧扩大，我们上市公司的利润也会急剧增长，这些都是正面的效果。但是在这个过程中，我最关注的最有价值的是如家拥有的 4700 万名会员，这个会员体系如果进行必要的、科学的整合，会使现在正在进行的资产重组产生真正的化学反应，这一方面的工作如果不急于推进，简单的数量增加和财务数字的增长也无非就是简单的物理反应。我相信锦江和铂涛的合并将来也会触及到客源体系的重整，所以我觉得 2016 年中国大的酒店集团都会介入线上技术。最近这一年多，酒店人也在进行一些反思，我们以前认为经营酒店就是经营酒店的设备设施，经过互联网这些年的发展，特别是面对 OTA，我们发现我们失去了客源渠道，客源渠道被 OTA 掌握，OTA 携客人令酒店付佣金，使酒店处于越来越被动的地位，大家终于认识到目前客源体系在整个酒店经营中的极端重要性。2015 年 2 月，我和雅高集团董事长会面的时候，我问他现在这个产业的核心竞争力是什么？他怎么看？他跟我讲两个东西，一个是客源及客户关系，一个是大数据。我说酒店的运营呢？他说酒店的运营仍然重要，但是酒店运营的重要性和这两个相比在往下移，这两个东西在往上转。最近我也听到很多酒店人在研究这个问题，我们酒店经营到底是应该从经营客户角度考虑还是从经营酒店角度考虑，当然这两个东西不矛盾，总而言之我觉得这些东西需要长时间的探讨、摸索。但是互联网、酒店、互联网+酒店，其中一个重要内容是基于我们传统的客户关系，要基于重新整合梳理打造，还有一个很重要的问题就是怎么建立客户忠诚。我们看到首旅酒店集团最近这几年失去了影响，我们进行了抽样调查，一半的客人是不忠诚的，问卷调查的结果显示，客户不会忠于某一个酒店品牌，他可能持有四张不同品牌酒店的会员卡，意味着哪些酒店提供的服务对我更好、更有利、更适合我，我就流向这个酒店。这个研究得出一个结论，目前这个酒店市场中，客户的忠诚度在急剧降低，洛桑由此提出了重新打造客户忠诚度的方案，大体分了四步：第一步重新定义什么是客户忠诚，第二步是重新确定要锁定哪些潜在的忠诚客户，第三步是根据忠诚客户的计划去重新设计客人体验，第四步是为了实现上述目标做必要的资本投入。相信洛桑作为全球的酒店管理学院，他们在这方面的研究，对于从事酒店实际工作的人，特别是我们现在在抓互联网+酒店的这些人来说，应该还是有所启示的。

第四，数据。现在酒店人经常讲大数据，但是实际我们这个行业里还没有产生真正的大数据，大家还不知道酒店行业的大数据未来是什么样子。说到大数据，大家可能最耳熟能详的一个案例，就是沃尔玛的老公买啤酒加尿布的案例。但是不管怎样，酒店行业现在每天产生大量的交易，通过这些交易产生了海量信息，这些信息包括参与交易的这些住店客人，他们的投诉、偏好、习惯等一系列的东西，这些东西是我们酒店行业未来生成大数据最基础的资料。酒店行业现在确实需要大数据，大数据对线下的工作产生极大的影响。第一会使我们的营销更加精准，第二会使酒店行业线下服务更加个性化和定制化。我最近在苏州看了一个书店，非常震撼，这个书店已经由卖书变成全方位的服务，就是杜局长谈到的跨界。最近我也看到银行家他们发表的演讲，银行除了吸收个人存款、放贷以外，他们居然提出情景服务，我没完全搞清楚情景服务到底是什么，但从目前来看，我觉得跨界之间的交融已经成为一种潮流了。在这个过程中，大家都在跨界，饭店业可能在实践跨界的过程中更具备自己得天独厚的优势。客人到银行也好，书店也好，停留两个小时，三个小时已经很过分了，但是在饭店这个场所里停留的时间会比在那些场所里停留的时间更长。在这种机遇下，饭店业到底如何重新审视或者思考自己的产品供给，这也是接下来我们要考虑的问题，这个问题的思考一定要和线上业务特别是数据紧密结合在一起。未来饭店业务在数据指导下除了一餐一宿这些传统的产品以外，可能更多地要考虑和人的情感交流，为客户提供一种心理和情感上的满足。洛桑在那个抽样调查中给了我们很大的启示，他说现在客人对于会员卡中给他的积分固然很高兴，但是他们的需求可能不一定是简单的积分，而是一种情感上的满足。这种情感上的满足包括对他的习惯、对他的偏好、对他真正完全个性化的东西能够提出对策来，这是我们饭店人接下来要认真思考的一个事情。这个问题思考好了，解决好了，我们可以更好地实践互联网+酒店，我们能够更好地实现线上线下业务的有效衔接。

刚才我讲了饭店行业践行互联网＋有困难，这是由我们这个产业目前的人员结构和人员素质造成的。饭店人30年来形成的这些经验，已经被一些人固化了，而在整个行业高层管理人员中，知识老化或者知识结构不够，使得目前饭店的高管层对于认识、理解什么是酒店的线上业务存在着极大的障碍，所以大家有兴趣的就是饭店更新改造，点头哈腰，这些东西和线上业务到底怎样实现衔接？这些都缺乏考虑，这也是目前制约酒店行业实现互联网＋的一个重要障碍，是需要我们在推进互联网＋酒店的过程中，从人力资源层面考虑的问题。

谢谢！

万达旅业的商业实践

北京万达旅业投资有限公司副总经理　徐道明

尊敬的杜局长，各位领导，各位嘉宾：

很高兴跟各位相聚在万达西双版纳度假区，这是万达进入旅游产业以来开发的第三个旅游项目。第一个旅游项目是长白山度假区，已经开业四年了，最近刚被国家旅游局评为"十大推荐旅游度假区"之一。第二个旅游项目是2014年在武汉开业的中央文化区。2015年9月26日西双版纳度假区刚刚开业，是第三个旅游项目。除了这三个项目之外还有十个左右的项目在进行，应该说万达在大手笔进入文化旅游产业。大家都是旅游界的同人，能感觉到，虽然整个中国经济形势进入下行的通道，但是大的产业资本不断地进入旅游产业，不仅是万达、万科、恒大、复星等，包括旅游资本也不断进入旅游产业，大家都看好旅游产业这个风口。

一、万达旅游产业的商业思维

万达进入旅游产业，很主要的目标就是打造旅游全产业链的企业。这个旅游全产业链，分成两个维度。一个是供给端，也就是资源端，打造休闲度假为主的旅游文化项目。刚才提到的长白山度假区也好，西双版纳度假区也好，都是打造资源端的项目。除了供给端之外，另外打造的是销售渠道，销售渠道就是以万达旅业投资作为一个主题打造国内海外，线上线下一体化的、立体的产业链。2020年整个集团的收入预计将达到1000亿人民币，海外的收入将占到30%左右。在万达旅业投资布局中，海外也是我们下一步要拓展的一个重点目标。目前万达旅业投资是以线下旅行社为主，并购了多家旅行社，现在是同程网的第一大股东，目的就是打造一个线上线下一体化的产业链条,打造一个旅游的全产业链。

万达在建的旅游项目有几个突出特点。首先是地理特色。昨天到了度假区之后,杜局长对度假区的建筑给予了很高的肯定,很有民族特色,突出了民族性。除了民族特色、地域特色之外,万达旅游项目也突出专业性,满足多样化的旅游度假需求,特别是中高端旅游度假需求。例如开业到现在已经四年的长白山度假区,里面有九个酒店,包括最高等级的酒店,其中有一家就布局在我们度假区内。除此之外,现在在建的项目是以东部沿海地区、发达地区为主,同时布局将近十个文化旅游项目,2016 年陆续开业的将包括南昌、无锡等地的项目。万达旅业投资的发展战略是希望到 2018 年营业收入能够突破 400 亿人民币,真正成为中国旅游行业的旗舰企业。大家知道旅游产业现在集中度不是很高,可能排名前五名的旅行社市场份额也不过 13%,跟国外大的旅行社比较,我们还有很大的差距。日本最大的旅行社为 GDP 贡献了 11% 的份额,国内还没有这样的巨头出现,国内最大的集团也不会超过 5% 的份额。我们万达希望成为这么一家大型企业,成为有丰富经验,有很好业绩的国际化旅游集团。

二、万达旅游产业的商业模式

万达集团进入旅游产业前,首先对世界上这些发展比较成功的旅游产业做一个分析,然后研究探索出我们自己的经营模式。不能无中生有,一定要借鉴发达国家的道路,毕竟他们能给我们很好的参考和借鉴。

我们对线下几大旅游集团做了一个分析(见表 1)。首先是德国的途易,它是综合性的国际化旅游集团,现在年收入超过 200 亿欧元,不仅有自己的旅行社、酒店、度假区、邮轮,还包括航空公司,有 100 多架飞机。途易的产品非常细分化,有一百个品牌,细分化也做到极致。我们分析的第二个企业是日本的 JTB,曾经进入世界 500 强。JTB 85% 的业务都是旅行社业务,我们现在倡导打造旅游产业,但是从 JTB 看,它真的是专门打造旅游行业,即便这样,它还是只占到日本旅行社收入 16% 的份额。我们分析的第三个企业是瑞士的 KUONI,他有一个欧洲中高端旅游度假品牌、有 B2B 业务、有入境旅游接待业务等三块业务,去年 KUONI 公司把 B2B 业务完全卖掉,其业务和市值都受到影响。我们分析的第三个企业是澳大利亚 FlightCentre,做商务旅行,专注于 B2B 业务,在韩国这么小的市场,它们的营业收入都突破了 200 亿人民币。对于线上旅游企业发展情况，我们也进行了分析。

表1　国际大型旅游集团模式分析

公司名称	营业收入	业务范围
德国途易集团（TUI）	200亿欧元	旅游业务涵盖了旅游的所有业务环节，旗下有近3300个旅游零售商、75个旅游运营商、100多架飞机和279家酒店，以及分布在30个国家的37个合作地接社
日本JTB集团	800亿元人民币	JTB目前拥有150家企业，并在全球设有近千个营业网点。占日本旅行社收入的16%
KUONI（瑞士旅游集团）	300亿元人民币	100多年历史，中高端度假旅游市场上处于行业领导者地位，门店覆盖40个国家和地区
澳大利亚最大旅行社FlightCentre	80亿澳元（400亿元人民币）	商务旅行作为主营业务。有25年的运营历史，有9000多个员工。目前在全球有1600个营业网点

排名第一的是Priceline，市值超过700亿美元，通过并购的方式实现快速扩张，主要做酒店。排名第二的是Trapadvisor，是旅游社区模式。第三是艺龙，但是现在退出了。携程网和去哪儿网是大家非常熟悉的在线旅游企业。我们分析了十家比较有代表性的电商模式，作为一个参考（见表2）。

表2　全球主要旅游电商公司模型分析

全球排名	名称	成立时间	业务范围	业务模式	市值
1	priceline	1998年	Priceline旗下包括booking.com、agoda.com、priceline.com、rentalcars.com、Kayak.com四个品牌，向全球用户提供酒店、机票、租车、旅游打包产品等在线预订服务	是在线旅游C2B商业模式开创者，NAME YOUR OWN PRICE（顾客反向定价），它为买卖双方提供一个信息平台，以便交易，同时提取一定佣金	纳斯达克上市，700亿美元
2	TripAdvisor	2000年	TripAdvisor是全球最大最受欢迎的旅游社区，以为旅行者提供酒店评论、酒店受欢迎程度索引、高级酒店选择工具、酒店房价比价搜索以及社会化的旅途图片分享和在线驴友交流等服务为核心内容	全球最受欢迎的旅游社区和旅游评论网站。主要收入靠商业广告。之前属于EXPEDIA	纳斯达克上市，151亿美元

续表

全球排名	名称	成立时间	业务范围	业务模式	市值
3	Expedia	1996年	Expedia旗下拥有：Expedia, Hotels.com, Hotwire.com, Affiliate Network, eLong和Venere等品牌，而且旗下品牌多元化发展，涵盖酒店、机票、租车、豪华游轮、活动、目的地旅游服务、商旅服务及旅游媒体服务	Expedia是一家在线旅游产品B2C预订服务商，它自己并不提供旅游产品，主要靠"代理+批发商"模式来销售旅游产品供应商的产品并获取佣金	纳斯达克上市，103.70亿美元
4	携程	1999年	携程共有四大产品线：机票、酒店、旅游度假、商旅。但从模式上来看，携程又分为OTA（在线旅游）和传统旅游。另外提供地面产品团队游、一日游、接送机、导游服务及票券类服务	携程"鼠标+水泥"B2C模式：构筑了网站、会员体系以及庞大呼叫中心为基础的运营模式。现转向拇指+水泥	纳斯达克上市，100亿美元
5	HomeAway	2005年	全球最大的假日房屋租赁在线服务提供商"民宿一哥"。HomeAway在其网站上也出售广告，与第三方合作，采取收入分成模式来增加公司营收来源。涉及190个国家	运营模式是通过在互联网上建立平台，旅游业主可以通过此平台把自己的不动产发布到网上供游客临时租赁	纳斯达克上市，38.5亿美元
6	去哪儿	2005年	去哪儿为旅游者提供国内外机票、酒店、度假和签证服务的旅游垂直搜索，从旅游垂直搜索向TTS系统（网站内下单及支付）转化	成立之初是一家纯旅游搜索公司，后期变成了一个旅游产品交易平台	纳斯达克上市，35.84亿美元
7	Kayak	2004年	如今Kayak已经是美国领先的旅游搜索引擎，除了航班和酒店预订服务以外，还提供度假和租车服务	旅游产品精专搜索技术服务商，技术驱动型公司，强大的在线搜索技术	纳斯达克上市，15.70亿美元
8	Orbitz	2001年	产品包括机票、酒店、租车、游轮、度假套餐等旅游产品的搜索预订、旅游产品预订及行程规划等	美国五大航空投资的网站，经营模式类似于携程	纽交所上市，9.69亿美元
9	MakeMyTrip	2000年	提供的产品和包括机票、酒店、包裹、火车票、汽车票、汽车租赁和旅游配套服务，如旅游保险、签证办理等	印度的携程，B2C	纳斯达克上市，9.50亿美元

续表

全球排名	名称	成立时间	业务范围	业务模式	市值
10	Travelzoo	1998年	是一家旅游信息服务商，业务核心是每周提供最新优惠旅游产品，向订户发送top20精选限时旅游情报	在线旅游信息服务+top20精选特惠推送	纳斯达克上市，3.53亿美元

通过分析国内外知名大旅游集团的模式，我们确定了万达旅业投资的发展道路。首先我们的定位是中高端。万达品牌在国内有很高的知名度，本身就有很高的品牌价值。万达旅业投资的产品线的定位就是中高端的。再一个旅游度假，虽然欧洲包括美国这些大的旅游服务商都是针对休闲度假，但是考虑到实际情况，我们定位于旅游度假，这是下一步要重点发展的。另外一点就是打造资源掌控型的旅行社企业，刚才提出万达进入旅游产业有两个维度，一个是资源端，一个是渠道端，资源端本身有很多资源，要打造掌控型的旅游产业，这是我们自己定下来的发展目标。进入到旅游产业，必须要对这个行业的形势有一个详细的分析，这个行业如何？该怎么发展？这样才不会南辕北辙，所以我们对自身的商业实践，企业的发展趋势也做了很多的分析。

三、把握旅游业发展趋势，创新商业实践

托马斯·弗里德曼写了一本书《世界是平的》，是目前销售量非常大的一本书。由于科技浪潮的冲击，世界变得越来越平，特别是移动端的出现，使这个世界变得越来越平。我们有很多传统的老企业、老公司，以前有很多优势，但是这种优势现在变得越来越不明显，甚至变成了我们的劣势。对我们造成最大冲击的就是同行，可能最大的竞争对手不是来自我们身边，而是外部的进入者。大家都知道，广州市场上两家最大的旅游企业是竞争对手，但是通过竞争，两家企业反而越来越壮大，你想打垮我，我想打垮你，根本是不可能的事情。但是外界的进入者能够完全颠覆局面，因为他完全不按照常规出牌，所以很可能造成很大的困扰。

克里斯·安德森提出了长尾理论，他说未来发展的趋势不在需求的头部，而在于无穷长的尾部。比如体育旅游、游学等类似的尾部市场应该是市场利润

的潜在增长点。在线旅游企业谈到在线旅游的蓝海在于出境游,对这个观点我不太认同,因为不可能做这样的结构,必须要以大批量的客户作为基础,作为支撑,才有可能发展,所以企业的产品必须是标准化、简单化,甚至是便宜化的产品,这样的产品才是大的发展方向。所以线上企业的属性注定了生下来可能面对的就是红海,但是作为线下企业的实践,这种长尾理论能让我们看到还有很多的市场。

2014年全国26 000家旅行社,净利润率不到0.8%,的确非常少。旅游行业进入微利时代,微利也许是商业的本质,已经成为旅游行业新的常态。刚才提到前五强旅行社集团市场占有率加起来也不超过12%,但是按照通常的规律,如果行业的前四强能占到行业的60%的话,这个行业就会有一个良性健康的发展,能有更大的利润。但是就目前来看,国内还没有这样强有力的占有垄断地位的旅行社集团出现,所以说大家现在普遍处在一个微利时代,特别是旅行社集团。

麦肯锡有一个报告,中国人的消费观念在发生改变,人们开始为了喜好而花钱。2014年到韩国的游客大约有600万人,其中80后占了一大批,这帮人没多少钱,但是他们敢花钱,为了自己的喜好敢花钱。包括大家看到的滑雪、跑马拉松的人越来越多,类似这样的运动也是需要投入的,但是年轻人舍得花钱。万达也非常看中体育游这方面,最近投资幅度非常大。

现在我们进入到后工业化时代,我认为后工业化时代有两个很显著的特征,一个是慢生活,一个是深体验。在座的可能很多人去过我们长白山度假区,今天也看到了我们西双版纳度假区,能感觉到这样的产品的打造,是围绕这两个维度来推进的,希望大家在这里多停留两天,进行深体验。北京的雾霾可能也会成为人们改变生活方式的一个很重要的影响因素。不管是我们的旅游产品还是目的地产品,如果能围绕这两个维度来打造,肯定会很有市场前景。

企业的标签化,就是说打造我们企业的品牌,形成品牌的影响力,形成我们的顾客忠诚度。刚才首旅的张总提到忠诚度,大家都做大量的补贴,低价的促销,养成的不是客人对品牌的忠诚度,客人只能忠诚一时,不可能成为一直追随品牌的粉丝,今天产品便宜他选择了,明天其他家便宜他又选择那家。企业要做大的发展,就要形成固定的粉丝群体。有一句话说君子慎独,打架打得再激烈,需要融合的时候还是会融合,需要跨界的时候还是会跨界,线上的模式我觉得也是线下企业很好的参考。大家融合起来,共同把这市场做大,这种战略竞合是后面旅游企业的发展目标和方向，有竞争，但更多的是合作。同时最近出现的一种模式我觉得会给我们新的启示，一个是 Uber、一个是 Airbnb，它们的模式就是共享，很多行业借鉴这个模式，比如我买了这个家装，吸引了一大批客人来到这里，自己也可以参与进去。旅游行业真的引入这种模式的话，可能会对行业发展起到一个很好的推动作用。

各位都是企业的高管或老板，经营机制是在座的各位密切关注的，特别是现在年轻人的创业创新。不管是新进的企业也好，传统的企业也好，应该给年轻人提供一片舞台，给他们一片天地让他们去打造。阿里巴巴就是这样的企业，虽然是庞大的帝国，但是他也提出来，要打造小而美的企业，专注于市场的细分，把员工的积极性能够充分地调动起来。

四、线下流量平台与线上的融合

作为线下企业，线上是我们的竞争对手，也是我们的合作伙伴，要发展就要关注这么几个方面。一个是文化交流，策划创意，我们贴心的服务。第二是非标准化的产品。这个是线下企业的长处，是线上企业所欠缺的，如果在这几个方面能做足功课的话，我想会有很大的发展。刘强东有一个发言，说未来风口可能不在互联网企业，而在传统企业。我们作为线下企业，如果能真正把握住策划、创意、文化、体育、交流、服务等要素，提升我们的产品和服务品质，我们就真的能发现，下一个旅游产业的独角兽。

谢谢各位！

都市休闲与岭南城央酒店转型

岭南集团控股股份有限公司总裁　陈白羽

谢谢大会组织者，也谢谢戴院长。听了锦江、首旅，还有万达波澜壮阔的大手笔之后，今天我要谈岭南的小世界。

中国的城市化进程已经过半，推动城市旅游可持续发展具有极为迫切的现实意义。我们在走遍了许多城市之后，会发现城市的面貌是日渐趋同的，但是在发现它们面貌日渐趋同的同时，我们也会为每一座城市的与众不同之处感到欣喜，城市的魅力源于鲜活生动的场景。中国有655座这样的城市，随着旅游市场的增长和工作生活方式的改变，我们看到中国特色的城市旅游发展道路正在形成，而旅游和城市的融合发展已经成为了现实。在我们看来，发展旅游城市并不意味着去营造与普通市民的生活相分割的旅游空间，而是依托本地市民的生活去打造非常亲近的，可以去感受的，可以去触摸的生活空间。

中国酒店业面临的问题还很多，包括结构性失衡，包括消费习惯的深度调整，生活方式深刻的改变，也包括跨界竞争的加剧，包括旅游投资的空前活跃。我们会长不止一次说到中国旅游业面临着寒冬，我是一年前从旅行社业到酒店业的，一来就面临寒冬。但是我始终坚信，随着国际休闲旅游的蓬勃发展，都市休闲化的进程会为城央酒店的转型升级带来非常多的机遇。所以今天我重点想讲的是，在城央酒店转型升级与投资发展当中我们需要去关注的六个关键环节。

一、城央酒店转型升级与投资发展的重点

第一，深度融合当地历史文化民俗文明。历史文化民俗文明是城市的底蕴，

也是都市休闲不可或缺的重要组成部分。深度挖掘和融合文化文明,打造能够呈现更丰富元素的城市旅游目的地,也符合都市休闲消费者比较特殊的精神需求。融合和独特不是一组矛盾的关系,反而越是深度的融合,有可能会越与众不同。通过对历史文化的深度关注,我们也希望通过酒店产品,为商旅客户真正认识城市,融入城市,进而喜欢这个城市提供一个小小的窗口。

第二,精选植入具有表现力的主题元素。准确抓取城市精髓文化的主题元素。文化元素有很多,多了可能有时候会窄,不好选,考虑选什么的时候,我们更多地考虑可以延伸到酒店产品的开发,在酒店有限的方寸空间内,能够去品读一座城市或者都市休闲带来的精神愉悦。有三个这样的标准,我们考虑在实践中去做,一个是精选最容易打动都市休闲客群的城市文化元素,再就是精选最容易展示城市魅力和城市特征的文化元素。

第三,设计创意在风格、细节上的精雕细刻。在挑选最能够表达城市特征的、具有独特视角和个性视角的元素的时候,还要去考虑在设计当中能够把这些文化要素符号化,因为只有符号化才能够进而转化成为标志和印记,从而使整体到局部,平面到线条,建筑立面到整个内部空间,灯光情景到嗅觉体验,呈现出文化符号的完整性、连贯性和体系性。

第四,旅居体验回归极致舒适与个性化。刚才张会长有一句话也挺刺激我们的,酒店在互联网+的时代下,可能我们既要考虑未来的风云变幻,也要努力做酒店的升级。我认为酒店人在做酒店产品的时候,对舒适度有着近乎偏执的追求,我们确实希望通过酒店产品的打造,去创造一个情感交流的空间。我们现在看到不管是老酒店改新酒店,还是全新的酒店,都在追求硬件的奢华或者主题的突出,但是在产品的舒适度、精细度和服务个性化这一些关键点上还是有很多的工作可以去做。

第五,精致服务需要有大系统全程支撑。作为单体酒店,需要打造独特的文化内涵,极致的服务,特别是能够产生盈利的模式,这些还是相对比较困难的,这个时候大系统的支撑就成了一种保障。岭南国际企业集团主业有两块,一块是旅游,另一块是食品,我想在互联网+时代上,升级改造上要去做,从信息化管理到智能化管理再到真正实现互联网+的一个智慧数字化的智能的电商进程这里,有些东西你必须得自己搭,有些东西你得搭别人的顺风车,不管是分享平台也好,还是什么平台也好,无论通过什么方式,互联网之下,都是集体智慧的体现。所以要对客户进行精准的研究,通过产品的策划,出色的服务品质控制，人力资源的控制，市场营销，品牌运营和中央营销系统这样的支撑，从而实现从产业链供应链到整个价值链的资源配置的共享。

第六，投资控制和服务成本与收益匹配。我个人非常认同有一位学者提到的，用情怀情感和情景做好文创旅游，做酒店也是一样的，需要情怀情感和情景。但是我们说仅有梦想是不够的，仅有情怀也是不够的，无论你做什么，归根到底都是一盘生意。在品牌运作的理念上，我们希望做到品牌标准和盈利模式的平衡，关注于定位策划和投资控制的匹配，客源定位和目标定价的匹配，服务成本和服务效率的匹配，投资规模和投资回报的匹配。无论是国有企业还是民营企业，资产保值增值都要关注这些，我们希望在这几个匹配中，在转型升级当中最后落脚点回到价值运营的支撑点上来。

二、创意设计与转化

下面请允许我利用一点时间，通过案例看一看我们在以上六个关键点中的一些转化和实践。岭南5号是全新的本土原创的设计精品酒店品牌，品牌是新的，酒店也是新的，品牌和酒店都是2015年8月推出的，才3个多月大，它融合了广州的历史文化，是以老广州和新时尚为主题的。实际上广州的这家酒店是岭南5号这个品牌的第一个孩子，未来我们希望还有更多的孩子，在中国的很多城市，乃至世界的很多城市都会邂逅不同的5号。假如有一天在云南邂逅了5号可能是老云南，新时尚。其选址也是希望能够在历史文化街区，只有在历史文化街区才可以更容易地触摸到城市的文化脉搏。在新与旧，历史与时尚中，5号鲜明地体现出一种碰撞和融合。融合不仅仅是一种姿态，更是一种尊重，对历史的尊重，也是对当地文化的一种尊重。在主题元素的抓取上，可能大家理解中的广州自古以来都是南蛮之地，有一些什么样的文化特征？但是我们从超过20 000万的广州历史文献图片中看到广州的商户、港口、教育、民俗、体育，这五个维度都有可能转化成为酒店的文化特征。岭南的花城商户文化，古书院的群落，珠江水韵这些特定的符号给了整个主创团队非常多的灵感，我们也希望通过这样的符号植入，可以令我们为数不多的客房有一个独特的主题，我们希望这样的文化特征能为酒店带来更多的情感情怀这样一些体验。

岭南5号酒店的公共走廊，很容易让人联想起雨巷，大家看到青砖路一样的马石路，它可以是具象的也可以是抽象的。当我们做这个空间的时候，我们老是在想一句话,"丁香般的姑娘",不一定走在江南的雨巷上,可能是走在广州西关的雨巷。在180度的江景酒吧里,我们希望打造活力的社交空间,事实上通过圈层的营销,岭南5号这3个月以来成为了广州的时尚秀场,很多行为表演艺术,甚至是时装发布,领馆的一些酒会纷纷在这个地方开展。在客房产品这一块确实体现了酒店人对细致分物的偏执,酒店是处于闹市的,外面车水马龙的分贝能达到145,酒店内部的空间和环境却是非常安静的,甚至可以创造适合酒店冥想和静谧的空间。在吃的方面,设计上也融合了私厨、家宴的模式,通过这样的创新表达,呈现吃在广州的新的味觉体验。我们做了很多的努力,希望在转型升级和投资控制的六个重点环节中,努力做到细节是无处不在的,但是我们希望体现节制,避免多而杂,过犹不及,自觉节制是尤为可贵的。我们做完这个作品以后也尝试去描绘一下我们希望面对什么样的客源,我们为想象中的客户描绘了这样一个图谱,他们是热爱生活的、充满好奇心的、有探索精神的、生活是非常充实的、独立自主的,他们可能会对艺术和文化有非常敏感的嗅觉的艺术控、摄影控、美食控,他们希望打破常规体验。他们可能是你,可能是我,他们可能在都市化休闲的进程中,越来越明显地分布在每一个城市的角落,他是属于每一个乐于享受生命的人。

岭南国际企业集团在这几年的实践中,一是做城央酒店的升级转型,二是做管理品牌的输出,我们做这些产品的时候,很欣喜地看到戴院长这本书,《城市》。看到这本书一定不是偶然,一定是必然,我们产生了共鸣,城市确实是可以触摸的生活,也是可以分享的文明。刚才徐总也讲到互联网的红利在消退,下一个风口会是传统行业,作为传统企业,看到这句话似乎看到了希望,太阳在冉冉升起。因为我相信,不管时代怎么变化,我们在倒逼压力下,中国的旅游,中国的酒店一定能出更多更好的代表中国的品牌。旅游品牌需要更多的梦想家,需要更多工匠级的梦想家,所以我们愿意以我们的情怀,以我们的真诚,用我们的酒店产品和服务为旅行者触摸城市文明打开一扇窗口,让都市休闲融入到人们美好的生活中,也让酒店业回归到应有的价值追求。

谢谢大家!

旅游投资趋势及中信投资实践

中信产业基金董事总经理　胡腾鹤

尊敬的戴院长，尊敬的各位来宾：

下午好！

很高兴今天有机会跟大家做一个分享和交流。中信产业基金2013年开始介入旅游行业，我们的的确确是旅游行业的新兵。我们进入旅游行业以后，在戴院长和魏小安老师的指引下，三年里做了一些探索，今天应该说像小学生交作业一样，跟各位做一个汇报，请各位来宾指教。

一、旅游投资的三大趋势

（一）全球化：中国企业全球化布局的增长

关于中国旅游投资的趋势，今天上午很多演讲嘉宾都已经提到了。锦江的郭总讲的，在全球化这个领域，锦江国际（集团）还有很多旅游集团都做得非常出色，海航集团最近三年也投入了几十亿元，从航空到酒店各个领域都全面参与。复星集团最近几年在旅游领域的布局也非常快，2009年开始确定国际化战略，从2009年到2012年整体节奏比较慢，但是2015年短短一年时间做了几笔比较大的收购，复星集团的郭总一直秉承一个中国市场全球动力的模式做全球并购和整合。在大旅游集团的推动之下，2013—2015年，中国旅游企业走出去的步伐逐步加快，每年增长超过200%，中国旅游企业的全球化进入高速发展时期。讲到并购整合，2015年的时候，国内旅游相关领域有几个合并是让大家非常关注的，携程网和去哪儿网的合并大家都非常了解，其他包括滴滴和快的的合并，美团和大众点评网的合并，这说明了什么？原来在这个领域里面两强相争，现在变成寡头垄断市场，这是市场竞争的结果。另一方面，随着在互联网平台的模式下,伴随着大鱼吃小鱼,剩下的只是第一名和第二名,甚至就只剩下第一名了。这是线上的垄断。线下也出现极端的竞争,万达在线下大批量收购旅行社,包括复星,包括中信,都在做线下景区连锁化经营。

此外,共享经济大行其道。大家可以看到国际上 Uber,还有其他一些共享经济模式受到了资本市场的追捧。国内也有像滴滴打车、途家、小猪短租、去呼呼等分享经济企业,发展非常快。共享经济这种模式的发展往往有个过程,我们前一阵去美国考察的时候看到,美国是从2009年开始做,到2013年中期整个发展都非常平缓,基本保持10%～20%增长,中期以后出现跳跃式的增长,所以共享经济模式的威力非常大,不再遵循我们以前经常讲的模式,而是服从指数增长的模型,这是共享经济能够受到包括我们在内的投资界追捧的根本原因。我们可以预判,在过去几年共享经济被非常认可的情况下,未来还是一样,将成为整个市场追捧的热点之一。

(二)休闲化:观光旅游向休闲度假转变

随着经济发展水平的提升,随着居民收入的提升,整个休闲产业进入了一个快速发展的时期。相关研究报告认为过去这些年这个产业增长了大概23%,这个增长高于整个旅游行业的增长,所以说休闲产业经历了一个快速发展。今天上午的演讲嘉宾提到,中国的城镇化率在2014年年底已经达到54.77%,未来每年还将以近1个百分点的速度增长。在城镇化率日益提高的情况下,大家在非常快的节奏、非常大的压力下工作,休闲出游放松的需求会出现大的增加。大家可能注意到包括莫干山,很多以休闲为主题的旅游目的地受到了大家的追捧。

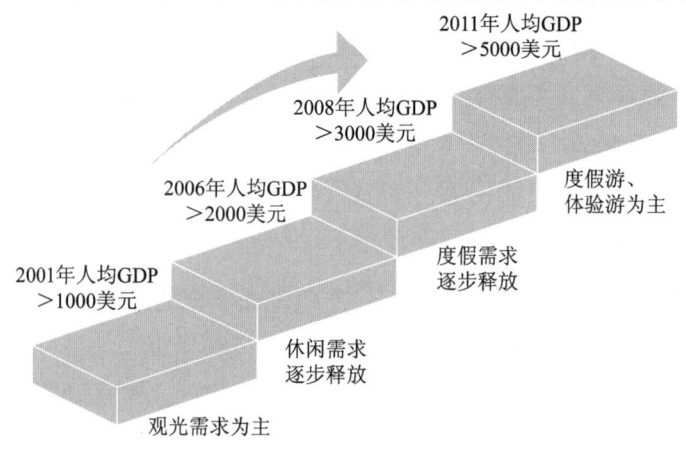

图1 中国人均GDP增长推动观光游向休闲游发展

（三）PPP：旅游项目的重要开发模式

PPP 模式在旅游行业受到越来越多的认可，各个省份做了很多的 PPP 旅游项目。中信也有这种投资，我们投了之后占一定的股份，包括途家也是跟政府和开发商有很多的合作模式。所以在这个主题下，在今天开放的条件下，这种合作模式是一个大的趋势。

表 1 2015 年各地政府 PPP 合作项目举例

省份	城市	部分项目举例
山东	临沂	沂蒙山景区 30 亿元景区建设项目
浙江	温州	南雁荡山景区 15 亿元景区建设项目
陕西	安康	鬼谷岭景区 5 亿元景区开发项目
青海	池州	直亥雪山旅游景区开发项目
浙江	湖州	10 亿元渚湖湿地风景区生态景观建设
贵州	安顺	旧州景区周边设施建设项目
四川	乐山	泊滩堰旅游产业整体 10 亿元开发项目
江西	南昌	滕王阁景区 4A 升 5A 改造项目
云南	红河	哈尼神山 – 阿保欧滨公园提升项目

二、中信特色的旅游投资模式

（一）中信旅游行业布局

中信在旅游行业的投资经过三年的积累，我们也交出了一个成绩单。首先是在自然景区这个板块，河北保定的白石山、湖南通道的万佛山、湖北的东太行以及兴隆山等这几个项目都是我们控股 80% 以上的自然景区。其次在人文景区方面，我们也做了一些投资，2015 年刚刚做的开平碉楼，拿到了 80% 的控股权，将来要做 50 亿的投资，这是休闲度假的模式。在河北还有两个人文景区，一个是暖泉古镇，河北的六大古镇之一，现在我们是 100% 控股，另一个娲皇宫也是我们控股的景区项目。第三是在主题公园方面，我们有两个产品线，第一个是海洋馆，海洋馆是我们百分之百控股的景区。2015 年我们又投了烟台 37

度梦幻海,请到原来在四川水魔方的团队运作这个项目。其他旅游相关板块我们也做了布局,2014年1月投资滴滴打车,现在叫滴滴出行,2015年又追加了投资。除了这些项目外,我们还投资了陕西旅游和华远股份,这是我们在旅行社这块的布局。吃住行方面,我们较早的时候投资的净雅酒店是国内高端的商务餐厅,还有王府井,是购物主题的。

(二)中信特色的旅游投资模式

接下来我简单介绍一下我们投资这些项目积累的一些经验和特点。

第一个特点,中信是专注做旅游,不做地产,这是我们在确定旅游投资时就明确的一个策略。我们不拿旅游区忽悠地方政府拿一块地做地产开发,我们不做地产,就做旅游项目,就要持续发展,这是我们给自己界定得非常清晰的一个路径。这样我们的心也变得比较纯粹,地方政府和我们合作的时候也变得比较清晰,所以我们在做这些项目时都没有做土地开发。

第二个特点,偏好做控股投资,产权运营。说到投资机构往往是做IPO,明年上市今年来,我们主要做控股投资,我们占股50%以上,50%以下很多项目我们就不做了。如果跟国有企业打交道,低于50亿我们就不做了,这样做是因为旅游这一块的投资是长线投资。我们不做地产这一块,这个过程当中不能控股,对这个项目的把握就处于比较弱势的地位。如果我们能够实现控股的话,就是我们愿意去做一些长期的投资。我们会做一些绿地投资,不是说这个景区已经有一两个亿的收入,有几千万利润我们才去。实际上白石山这种项目我们投资的时候只有100多万元的收入,投资后我们进行专业化运作,打造企业成长的快车道。2015年白石山收入差不多有1.5亿元,实现了几个倍数的增长,我们实际上吃的是专业饭,干的是长期活。所以我们要求在投资项目中要有占主导的核心地位。

第三个特点,快速决策,快速开工,快速开业。我们是非常市场化的机构,所以我们的决策非常快,效率非常高。举个例子,河北省在2014年9月把暖泉古镇交给我们,我们花一年时间打造,2015年9月古镇开业。

第四个特点,请顶级专家打造尖端产品。我们主要投资旅游目的地,我们觉得国内的旅游目的地资源非常稀缺,如果没有顶级专家去打造,可能就把这个资源搞坏了。作为负责任的机构,还不如把那个资源放在那里,等到一流的专家来的时候才去做。秉持这样的理念,我们请市场上一流的专家,成立了一个专门投资旅游的平台,叫中金信旅游投资集团,我本人担任董事长,李志先

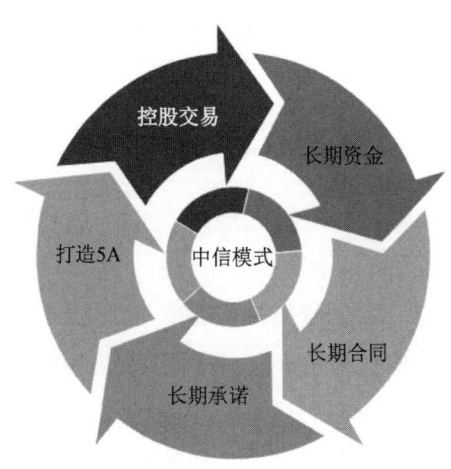

图 2　控股投资、长期运营模式

生做我们的平台总经理，还请了原来武夷山管委会主任黄大炜做公司的副总经理，此外我们还请到云台山常务副局长李杰，乌镇的财务总监，中青旅战略部的张其伟以及凤凰古城的总经理彭要根。最近我们又有三个跟他们一样，在旅游行业从业了十几年的资深专业人士加盟。请到这些一流专家过来，让他们打造公司的产品，我虽然当董事长，但日常管理运营由他们说了算。

第五个特点，为项目及合作方输送持续不断的资金。中信现在管理的资产有550亿元的规模，是最大的基金管理公司之一，我们现在有股权，还有债券，还利用整个中信的金融控股平台，为我们的投资项目及合作方持续输送资金。同时我们的投资方式也比较灵活，对于目的地景区，我们采取控股的模式；对于滴滴打车等，我们采取小股权投资的模式；我们是大股权小股权都可以，早期、中期、晚期我们也都可以。此外，我们还有投资和托管模式，对于一些在管理方面有问题的已成型的项目，我们则采取托管模式。我们的管理方式比较灵活，大的理念就是在开放的背景下大家来合作，把中信的资源嫁接进来，实现多方共赢。

（三）中信未来的旅游投资方向

中信产业基金未来在旅游方面的投资会注重以下几个方面。

第一，加强景区投资。今年非常新鲜的一个词是供给侧改革，实际上是高端的、精品的观光资源及休闲度假资源的供给不足问题。所以我们希望我们能够跟国内顶级的专家合作，用中信的品牌加上雄厚的资金支持，去打造一批非常有品质的旅游目的地资源，可以是观光资源，也可以是休闲度假资源。所以这一块还会花很大的精力去做。

第二，布局休闲产业。我们对休闲度假这一块是非常看好的，下一步我们会加大在这方面的投资。

第三，打造旅游生态圈。希望跟在座的各位，包括传统旅游企业、在线旅游企业一起合作，营造健康的生态圈。

第四，加速全球拓展。在全球拓展方面，中信会采取小股权投资的合作模式，由大旅游集团牵头，中信参股。未来我们会继续聚焦旅游产业，在旅游领军企业的带领下，为中国旅游的明天一起做一点事。同时，我们也是非常开放的，希望跟在座的各位能够建立交流、合作的平台。

谢谢大家！

互联网时代的旅游景区变革

华侨城集团总经理　刘平春

大家好！说到旅游业的问题，没有不提到互联网的。我专门拜读了戴院长《旅行遇见互联网》的文章，互联网对时尚追求、商业模式都产生了重大的影响。今天跟大家讨论一下我们中国景区业在互联网背景下会遇到什么样的情况，应该有什么样的应对和展望。

一、游客结构和消费需求变化，倒逼旅游景区服务和管理革新

从微观景区的角度看，景区的游客结构、消费需求正在发生变化，这个变化正在倒逼旅游景区进行革新，革新的重要方式就是信息化。现在游客的构成已经发生非常深刻的变化，80后、90后成为主要的对象，在旅游中的一个重要的特征就是更加喜欢参与和互动，需要自我群体的欣赏。这是一个非常重要的特点。80后、90后在景区旅游的时候，相比过去对景区服务、景区品质、景区设施的关注，他们更多地追求情景化、表演性的参与。他们现在参与的方式与过去我们说的传统游客的行为不一样，他们的参与是指可以在线上与他们的朋友进行共享。举一个小小的例子，今年万圣节前夜，我们六个欢乐谷进了36.6万人，平均每个公园涌进6万人，接近或超过了游客最大接待容量的警戒线。当时正好是北京市在检验APEC会议的应付能力，突然发现交通都堵上了，原因就是万圣节，为什么这么火？很简单，因为万圣节是一个最典型的情景化消费的节日，所有年轻人都很爱演，可以按照自己的心愿把场景化的图景去描绘给自己的朋友，可以组成自己的小团队参与到整个景区的万圣节活动里面，所以这一代人的爱好因为互联网的推动不断强化。我这里有一些数据，2015年6

月全国网民6.68亿,手机网民5.94亿,9月平均每天登录微信的用户5.7亿户,60%的微信用户为15~29岁,这些人正是景区的主要游客群(见图1)。所以移动互联网出现以后,我们的游客既是一个受众,是我们旅游产品的受众,同时也是一个参与者,他希望参与到旅游的各种各样的体验中(见图2)。每一个游客都成为景区产品的组成部分,也成为他的自媒体,在这个背景下,一个景区如果不主动去拥抱互联网,不主动去改善自己的信息化服务,那一定会被淘汰的。

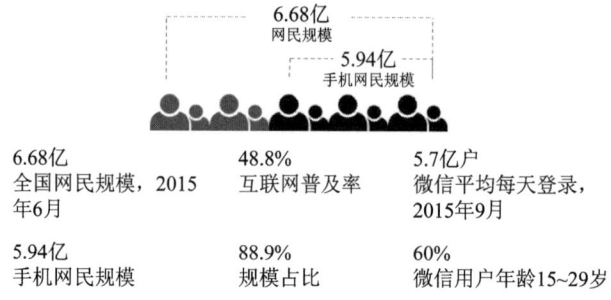

图1 中国网民规模

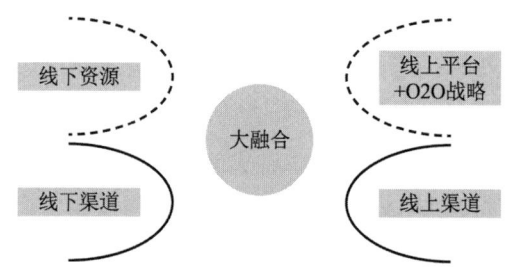

图2 线上线下交替体验成为游客出行的新习惯

二、信息技术、互联网为景区运营服务提供了前所未有的手段和可能

我们的游客,我们的消费者通过各种各样虚拟的实景、互动的体验、智能的导游、网络营销、二维码、APP等进行旅游。迪斯尼大概花了10亿美金,花了5年时间建立了用手环连接的智能系统。对于游客来说就是一个手环,是一

张电子门票，也是酒店的门钥匙，是购物的信用卡，还有管理 VIP 的计划路线，还有家人定位的系统，为每个人带来最佳智能体验，这就是打通营销服务与管理，并实现跨业务板块联动的最佳介质。国内很多企业也在做各种各样的智慧景区，峨眉山、黄山都在做，华侨城也在做。我们做了一个平台，叫华侨城平台，我们把酒店、景区、社区都用一个智慧平台连在一起，实现了信息流、资金流、用户流的统一。在智慧景区里面我们只建了一个营销平台，统一电子标签，实现了对线上线下全渠道的统一经营和管理，并通过统一的智能化电子设备实现了游客的快速入园。通过这个平台我们各个景区与 O2O 平台、团购网站开展合作，建立了自营的官方票务系统，基于这个平台我们也携手阿里的旅行社，打造中国首批旅游景区，成为微信旅游行业的第一个案例。现在，景区行业的企业和单位，都在不同程度地建设或者运用互联网的技术来改善管理。

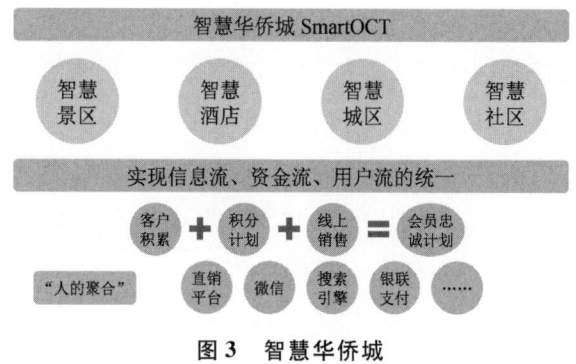

图 3　智慧华侨城

三、互联网促进新兴渠道资本掌握话语权

我今天想强调的不是我们做了什么，而是想强调我们从互联网本质来看，互联网技术对景区这个行业的影响是什么？景区行业在互联网的背景下，到底有什么选择？到底有什么机遇？我们用了一个标题，是 IT 到 NETWORKING，我们一直停留在 IT 的层面，停留在过去在办公室实现办公，实现互联网的联动，改善了微系统的管理手段，提高了效率。但是互联网的本质应该是在一个大系统里面实现要素的互联互通，最终提高产业的效率，这是我们对互联网本质的理解。具体到景区行业，每一个单元的改善并不等于整个行业效率的提高，因为行业的效率牵扯到投资、产品建设、产品管理，牵扯到需求方、供给方不

断地改善,牵扯到实业资本之间的互动,所以我想讨论两个方面的问题,从需求端来说是市场组织或游客组织的问题,从供给方来说是产业整合的前瞻性问题。需求方面,需要考虑的是游客需求,从以往的历史来看,互联网改变了游客的组织方式,颠覆了传统旅行社的生产和服务模式,催生壮大了在线旅游服务企业,促进新型渠道资本的兴起并且掌握了话语权。这个问题比较容易理解,今天上午首旅的张总提到了一个很重要的问题,就是酒店要考虑客户端。过去互联网技术的切入点是旅行社和酒店,因为旅行社和酒店所面对的都是单一的消费者,首先在渠道上面能提供很多便捷的服务,能够逐渐地挤压和控制实体运营的景区或者酒店,迫使他们降低成本,降低价格,然后取悦消费者,所以形成庞大的客户消费者,这个是历史过程。在更早的时候,消费品产业,比如我们集团有电子,康佳电视,曾经有一段时间电视不用去做营销了,每年谈判两次,一次跟国美,一次跟苏宁,必须进到他们的实体店,否则没有销售量,所以虚拟资本逐渐挤压实体资本。中国的在线交易市场现在在整个景区游客的组织已经越来越强劲,以携程网为代表的电商平台,美团生活服务电商正在改变生活模式,直接向游客推广和销售,能力变得越来越强大。2014年中国在线旅游交易规模是3077亿元,同比增长39%,在线渗透率9.2%,同期全国旅行社国内旅游营业收入为1784亿元(见图4)。

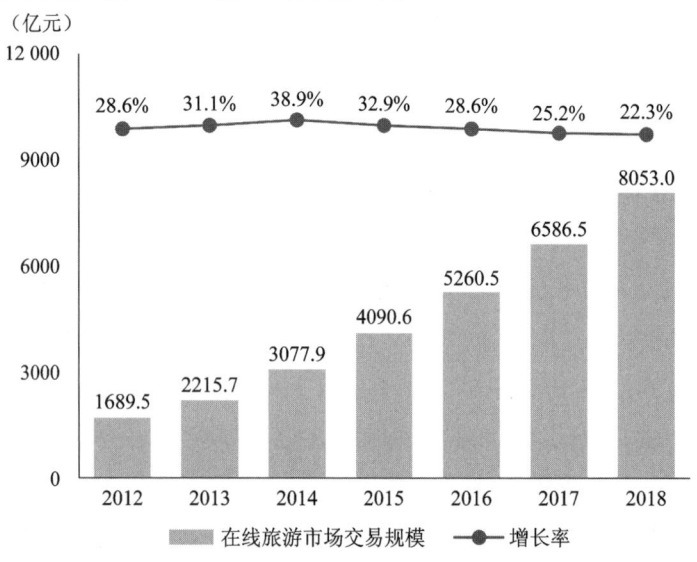

图4　2012—2018年中国在线旅游市场交易规模

数据来源:综合上市公司财报、企业及专家访谈,根据艾瑞统计模型核算。

新兴的在线旅游服务企业，它们是天生具有互联网基因的新上市主体，用与我们实体经济的投资人完全不同的思维开展经济活动，它们采用了烧钱模式和大规模兼并模式，线上线下与同行争夺。在这个过程中，资源和市场越来越向优势企业集中，游客的习惯或消费渠道都在发生改变，所以对景区行业来说渠道资本的挤压是一个重大的挑战。但是我也要说景区是一个相当特殊的行业，因为景区是一种体验式的消费，群体式消费，必须要到现场消费，不能像生活消费品一样搬到每一家去，最终对于门票价格的话语权，掌握在谁手上？仍然掌握在景区手上。作为中国景区协会的会长，我觉得就景区协会而言，我们有两方面的事情要做。一方面我们需要警醒，因为如果我们不警醒，那么渠道资本对景区企业的挤压可能会导致大量的中小型景区难以生存。另一方面如果我们不研究这种状况，不去考虑自己的游客组织方式，不去考虑如何利用互联网技术去维持行业的发展，那也是性命攸关的。今天首旅张总讲了一句话，我特别有感触，张总的行业已经跟线上线下的行业打了很多次交道，但至少有一个思考，作为线下酒店行业，需要研究自己的客户端问题。

四、信息技术有助于推动大型旅游集团的形成

我想跟大家讨论最后一个问题，在渠道资本跟实业资本的博弈和融合过程中，实业资本、景区行业的发展机会在哪里？互联网技术对我们行业的发展带来了怎样的机会？这是一个比较复杂的问题，我简要地说明一下我的观点。第一，渠道资本的挤压或渠道资本的融合正在给景区行业的实业资本带来一种趋向，这种趋向就是抱团、融合、联盟、合作。在资本推动下，必将出现兼并和大企业化的趋势，这是我的一个基本的观点。因为中小景区市场化率弱，跟渠道的谈判能力弱，自我更新改造的能力弱，抱团进入一个大的系统，共同去经营景区行业是基本趋向。

第二，我们说互联网的本质是提高效率，提高资本效率的基本途径应该是对整个景区行业进行大范围、大规模的重组和整合，我们现在号称有两万家景区，但是真正具有市场号召力、能够独立发展的景区是相当有限的。在互联网模式下，应该整合这个行业的资源，把现有资源的潜力挖掘起来，提高整个行业的效率。

第三，互联网技术提供了产业整合的可能性，也带来了很多好的机会。举

个例子,我们有六个在地理上分割的不同景区,根据自己的情况进行日常的管理和运营活动。设想一下,如果通过互联网把我们的资源整合起来,我们将只需要一个系统,只需要一个强大的决策班子,每一个公园都可以变成一个扁平化现场服务式的班子。我们也只需要采购一套系统,我们还只需要一套标准,我们每天早上可以在线上开一个会,决定这一天所有的事情。这就是未来互联网能够降低成本,提高管理效率,最终提升整个实业资本的运营效率的方面,互联网为我们带来一种新的模式和希望。在技术上面我们已经有了可以实现行业效率提升的手段和能力,再加上有大资本的进入,大的龙头式的旅游集团应该担起这样的责任,整合行业资源,景区这个行业跟旅行社、酒店行业最大的不同是到目前为止主要还是单体化经营,行业内部的合作、联盟和抱团可能刚刚开始。但是在刚开始的时候,我们就遇上了互联网,所以我们将会少走很多弯路,我们会提高我们整合的效率,最终会有一个非常好的未来。

谢谢各位!

非标准住宿业的现在和未来

去呼呼总裁　张　泽

站在这个台上诚惶诚恐，因为对在座的大家而言，我们还是很小的企业。我非常欣喜地看到今年的旅游集团20强中，前三强正好是我曾经工作过的三家公司，有理由相信我做的第四家公司在未来的某年某月也能成为中国旅游集团20强中的一强，这是我对自己的寄语。

最新的宏观经济数据大家都看得很多，简单总结一下，经济增速正创下6年来的最低，而且海外媒体一致认为中国现在没有新的有力的引擎。2015年上半年李克强总理作的政府工作报告中指出，当前世界经济正处于深度调整之中，复苏动力不足，地缘政治影响加重，不确定因素增多，推动增长、增加就业、调整结构成为国际社会共识。2015年面临的困难可能比去年还要大，而且未来三到五年可能是中国经济最困难的一个时期。诺基亚的最后一天，他的CEO说，我们并没有做错什么。但是这个时代最残酷的地方就是即使你没有做错什么，也不能保证你会取得胜利，这个时代的生存法则只有一个，必须不停创新，不停进取，对眼下的大趋势必须思考。诺基亚的发展告诉我们一件事，可能很多事情并没有做错，但是在剧烈变革的今天，如果我们不去研究创新思路，创新方法，我们也很难继续前行，这个也是我今天的演讲主题，非标准住宿业发展态势。

我们对国内住宿业的时间表做了一个罗列，从1978年改革开放开始，到1997年经济型酒店的出现，中国酒店行业发生了巨大的变化。现在国内几大酒店集团无一不是因为跟经营酒店有着巨大关系，从而使客房数猛增，在全球酒店里面有了一席之地。随着精品酒店的慢慢出现，到后面家庭旅馆的出现，再到最近几年分享经济的出现，使大量非标准化的酒店住宿成为市场上的一股热潮，跟酒店并存，而且取得了长足发展。同样我们看非标住宿业的发展，西双版纳也有很多民宿存在，越来越多的住宿已经不是由标准酒店解决的，精品酒店的出现改变了消费者只认星级酒店的消费习惯，开始接受非星级酒店。后来又出现了度假别墅。过去很多人并不认同度假酒店的概念，未来的若干年里面，随着度假酒店的蓬勃发展，酒店慢慢就是一个酒店，很多人出行不是以景区为中心，而是以他所入住的酒店为中心。房车、集装箱，尤其集装箱在过去一年发展比较快，包括金融融资属性，让它得以快速发展，不用受到条件限制，也可以做出很精美的房间，在国外是这样，中国很多产品也是这样，非常理想。

非标住宿业具有以下几个特点：房源相对分散，提供个性化的设施和服务，相对依赖互联网+，更像是+互联网的概念。虽然大家做了大量线下的团队，就像这段时间大众点评跟美团合并，在网上传了一个段子，大众点评说我有非常好的资源，美团说我有团购，真正想做好一个O2O的买卖是非常困难的。但是如果反过来走这条路，相对来说就容易得多，你有非常好的资源，你的资源只需要增加一个渠道，这个渠道是在线的。对于非标住宿业行业来说，为什么对互联网的依赖非常强？他有一个班子，有办公室，他的房源相对较少，单点分布比较广，这种情况下，如果建立一个团队，成本比较高，借助互联网的渠道可以有非常好的发展，如果有了非常好的发展，证明分享经济一定行得通，过去几年已经证明了这一点。我们可以看到分享经济已经是一股洪流。

非标住宿业的定义有别于传统酒店，它是由个人业主、房源承租者或商业机构对旅游度假、商务出行及其他有居住需求的消费者，提供的除床、卫浴外，更多个性化设施及服务的住宿选择，包括客栈、民宿、公寓、精品酒店、度假别墅等。整个非标住宿业现在是一个什么样的情况？给大家看几个数字，万豪收购了喜达屋之后，现在有超过106万间房，这是传统酒店经过几十年发展所拥有的房间数量。对于分享经济来说，Airbnb在不到十年的发展时间内，已经拥有超过160万间房，这是传统酒店无法竞争的。另一个数字，6540万，是什么数字呢？是国家电网发布的，这是电表变动数为零的数字，被消费者购买到手中，没有运用的房间有6540万间，我们只需要随随便便做到一部分，就已经很了不起了。个性化的房间在个人承租者手里面，小的机构承租者手里，会打造成什么产品？这已经不是标准的酒店，但是投资标准差了很多，一样有特色风情，一样可以在房间里看巨幕电影，非常有特色，如同住在一个客舱里面的房间，所有的这类房间已经不是过去只解决住宿需求的酒店所能提供的。所有这些住宿的设施和提供者是一群什么样的人，他们具备什么样的特点？我们知道今天真正能打动消费者的东西不是7颗牙的标准笑容，当你看到露出7颗牙齿的笑容并不是真正的微笑的时候，我觉得那并不是微笑，而是耻笑，我们需要的是一种发自内心的真正关心我们的服务。

说到90后，在互联网里面摘出来的一些显著的特征是做自己、张扬、独立自主，所以大家发现今天的90后要求的不再是传统意义上的大一统的产品，那些标准化的产品，他们所需要的是个性张扬，我的地盘。对于任何一个住宿企业来说，出租期间，消费者是希望"我的地盘我做主"，这个观念发生了巨大的变化，如果从业者不发生改变的话很难满足消费者的需求。

我们再看几个新的动态，2015年11月9日中国旅游研究院在京发布了《中国旅游住宿业发展报告2015》，使用旅游住宿业而不是用酒店业，对于研究院来说只是小小的改变，但是对这个行业来说是非常大的变化和影响。2015年11月19日国务院发布了《关于加快发展生活性服务业促进消费结构升级的指导意见》，11月23日国务院又发布了《关于积极发挥新消费引领作用加快培育形成新供给新动力的指导意见》，对客栈、民宿、短租公寓都有了强有力的支持。非标住宿业在中国，在未来将有很好的发展机遇。

非标住宿业的未来，会是什么样的发展趋势？还是举传统酒店集团的例子，洲际集团有70万间房，有超过16万名员工提供服务，希尔顿酒店集团16万员工为71万间房提供服务，Airbnb 1600名员工服务160万间房，这是怎样的利润增长？怎样的盈利？我们可以想象这是不可逆的趋势，分享经济势必会带动整个非标住宿业的发展，带动整个住宿行业的发展，轻资产变得越来越有意义。对传统旅游行业、传统住宿行业来说，这是不得不思考的事实。

非标住宿业的未来趋势，可能有如下几点。第一是运营体系的标准化。第二是采购体系的标准化。第三是销售体系的标准化。通过这三个标准化，相信非标住宿业能够给大家提供标准化的服务，能够让消费者对它有充分的认识，从而敢去住、愿意去住、更多地去住，从而跟标准住宿业形成完美互补。第四是通过智能化，满足消费者需求。智能化无疑是一个发展方向，但是什么是真正的智能化？分享一个真实的经历，我们知道很多智能化酒店现在都设了一键全关的开关，一键全关就是把所有的灯都关掉。但是我住的北京某个酒店它只能关掉房间的灯，不能关掉卫生间的灯，当一键全关以后，还要下床去把其他灯关掉。我们今天所有的智能化是复杂了消费者的操作，未来又该怎样改变？我们希望提供给消费者的智能化的东西一定是很重要的。第五是让住宿更智慧，优化供应商资源。做有态度的房间，重塑行业风尚。

谢谢大家！

周边自由行的创新与实践

同程旅游创始人兼 CSO　王　专

非常高兴有这个机会和大家做一些分享。今天上午各位企业领导从各个维度分享了他们从现在到未来的一些看法。接下来,我想就同程旅游在周边自助休闲游的实践做一个分享。

一、同程旅游的创新

三年前我们做了一个行业分析,因为我们曾经是做酒店的小 OTA,在做酒店的 OTA 中,我们发现大的 OTA 对我们形成非常大的挤压,尤其是携程,以及快速崛起的去哪儿,虽然当时去哪儿还只是搜索引擎,但今天所有人都知道去哪儿就是一个典型的 OTA,还有老的艺龙,还有更可怕的美团,这一类 OTA 的力量已经非常强大并且在加速发展。当时我分管酒店,同程签约的酒店数量大概是 25 000 家,我们努力做到 3 万家,但是我们判断大的 OTA 最后所拥有的能够上线的酒店数量至少应该是 20 万~30 万家。现在携程已经达到了这个数量,在这个数据面前我们小的 OTA 是不具备任何优势的。在这种背景下,我们团队的焦虑情绪不断被放大。如果不做转型,国内原来的 OTA 至少几十家,现在基本看不到了,大多数被吞并或者消失掉了。三年前,我们很多酒店业的老总们开始讨论酒店辛辛苦苦为谁打工?东航董事长说,这么多年航空公司是给携程艺龙打工的,酒店业一想,确实是给他们的佣金太高了。跟酒店合作中,酒店甚至认为给 OTA 的佣金太多,在这样的夹缝中我们是否能够生存呢?所以我想讲一下同程网这家公司里面的周边自由行团队,希望用很短的时间给大家提供一个有趣的思考。这个团队目前有 800 人,是一个特殊的以酒店为核心的酒+×周边自由行团队。根据我们的预测,2016 年周边自由行团队的营业额将达到30亿。三年前,在考虑同程网的去向时,我们做了分析,当时我们有一个业务做得比较好,就是门票业务,有比较大体量的门票分销权掌握在我们手里。有一个有趣的现象,当时无锡举办樱花节,我们包销了两万张门票,除无锡以外的客户跟我们提出来,他们到无锡看樱花不一定能当天往返,还有订酒店的需求,在那几天景区周边的酒店爆满,这个事情让我们始料不及,事后我们做了非常深的思考,景区和酒店之间,在一定的程度上是可以交替过来的。当时这个案例是失败的案例,我们包销了几万张门票,产生了很大的住酒店的需求,但因为我们没有提前做准备,所以既没有赚到钱,也没有满足客户的需求。后来我们选择了希尔顿酒店合作,这家酒店是新开的,客流不多。在和酒店谈的过程中,经常谈到的一个问题是,你的佣金是否给得太多?我们提出对酒店而言,他希望的出租率是60%~80%,不同季节有所调整,一年包销5000间,酒店给我们一个比较合适的价格,第一轮谈判很好,他们也给了我们非常好的价格。但在这个过程中,我们和酒店管理方做了深入的探讨,他们反复强调当我们的角色转换以后一定记住保护酒店的利益。什么叫保护酒店的利益?有一部分批发商拿到酒店的几千间房以后,会把这个价格作为单酒店放到某一个平台,酒店有一个价格,在其他渠道有一个价格,这样就扰乱了酒店的价格体系,这样就会让这个高星级酒店,原来800块钱的房价,有可能会跌至500块,而且是不同部门,不同渠道的报价,所以他们反复提醒我们。我们跟酒店管理层讨论下来觉得非常有道理,觉得应该是三赢的模式,第一一定要酒店赢,第二一定要客户赢,给终端消费者提供非常有性价比的产品,第三我们也肯定有所收益,所以三方三赢。景区是我们提前控制的,也是提前包的,两者放在一起创造的特殊产品叫酒店+×,这样最后出来的产品价格非常有竞争力。这样的产品也能很好地保护酒店本身的价格体系,同时对于消费者、对于OTA都创造了利益。这样一个实践基础,逐步破解了我们前面提到的焦虑,我们的周边自由行团队开始不断突破。

二、行业趋势,市场份额

当我们创造了这么一个产品以后,很快会有很多的跟进者,我们需要不断去做创新,持续保持领先。所以我们在以酒店为核心的基础上做了很多X。目前周边自由行团队保持了300%的增长。当我们创造性地跟酒店拿到了全国几千家酒店的年度用房，提前支付了房款以后，一定要将自己的产品做创新，我们新提出的 AIO（All In One），其实是从地中海传进来的，我们每年有 5 万个用户调研，很多年轻人希望的是所有产品就是一个价格，最好给一个打包价，所以我们创造了这个特色产品。包括亲子游，其实是旅游和教育的结合，尤其是地点的选择，周末我们会把一些教育的场所，迁到酒店场景，应该说取得了非常有趣的突破，包括有些酒店本身的餐饮是非常有特色，非常有竞争力的，我们也提供了这样的套餐。

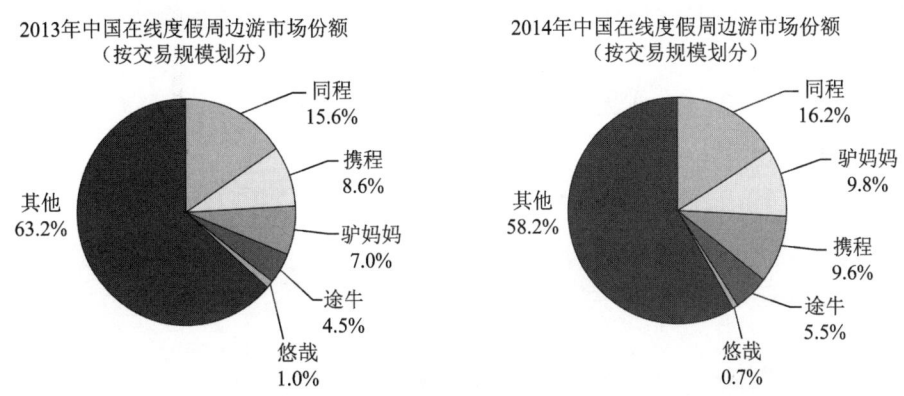

图 1　中国在线度假周边游市场份额

三、周边自由行产品智造

从最早的时候，我们为了避免跟巨头的竞争，选择了几个不做，我们不做单酒店，不做渠道，也不做平台。我们有很多企业在做平台，做平台是非常难的事情，做平台要求有非常高的能力。我们聚焦全国几十万家酒店里面的几千家，我们只做景区目的地＋周边的酒店打包产品，只做同程自身流量的转化和运营，只做聚量包销预付酒店增加价格竞争力，我们通过预付方式帮助酒店提高入住率，帮它减轻经济压力。在发展周边自由行产品的过程中，我们也有很多困惑，比如如何选度假酒店。以北京为例，北京周边很少有上档次的度假酒店，标准也很难把握。随着实践的推进，我们逐渐形成了相对成熟的模式，逐步实现了度假型酒店的全覆盖，大量核心景区的覆盖。很多度假酒店说，不要帮我做周末，周末的生意很好，最好帮我们做星期四到星期一。所以在这个基础上，我们从最简单的产品组合开始做，从"酒店＋门票"到"酒＋机"到一站全包，从普通游客到特殊人群、定制人群等逐步升级。我们还做了一些产品策划，包括在酒店原来产品基础上做特别的改造，包括任选餐厅的用餐，以及我们拿到奔跑吧兄弟的特殊授权，开启了全程一百家城市的合作。我们跟华侨城集团也有一些特殊的合作，我们的产品也逐步从整体策划细化到产品包装。进入到这个阶段后，团队中90后的同志就提出，我们能否从简单的包楼到包一个城市？我们跟江门、扬州进行合作，开展万人自驾活动。从早期每个周末只能销售100间房到500间房，到通过预售解决5000间房的能力，再到包城，销售10 000间房，我们通过自有平台做了很多推荐，也推出了很多特殊的活动。

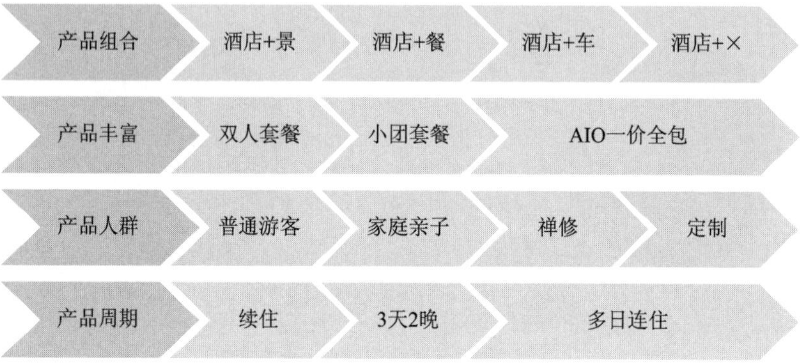

产品组合	酒店+景	酒店+餐	酒店+车	酒店+×
产品丰富	双人套餐	小团套餐	AIO一价全包	
产品人群	普通游客	家庭亲子	禅修	定制
产品周期	续住	3天2晚	多日连住	

图2　从资源到产品

四、周边自由行的未来发展

通过和《爸爸去哪儿》《奔跑吧兄弟》等新IP的结合，也为同程的产品创新积累了很多经验。从未来的发展看，周边自由行要想办法从制造走向自造，比如说和酒店一起合作，自造亲子客房。酒店所有的房间在建造之初已经基本定型了，但是游客本身是分层的，能否按照亲子的角度进行相关的合作，包括很多的线下活动也要自己和酒店一起自造的，如线下礼品，线下活动，把教师的课堂搬到酒店里面，等等。我们还从综艺节目里面选出一些项目，把酒店打造成周末的场景，不是简单得像传统会议的场所。我们希望每一个周边自由行的产品都是精心策划、核心主推、全力以赴、与众不同的，只有这样才能够让消费者，让自己，尤其是能够让合作的酒店实现三方共赢。

谢谢大家！

附录 2015 年中国旅游集团 20 强

排名	企业名称
1	携程旅游集团
2	北京趣拿软件科技有限公司
3	中国港中旅集团公司
4	锦江国际（集团）有限公司
5	海航旅游集团有限公司
6	华侨城集团公司
7	北京首都旅游集团有限责任公司
8	同程网络科技股份有限公司
9	中国国旅集团有限公司

续表

排名	企业名称	
10		北京万达旅业投资有限公司
11		南京金陵饭店集团有限公司
12		开元旅业集团有限公司
13		上海春秋国际旅行社（集团）有限公司
14		广州岭南国际企业集团有限公司
15		杭州市商贸旅游集团有限公司
16		中青旅控股股份有限公司
17		山东银座旅游集团有限公司
18		安徽省旅游集团有限责任公司
18		黄山旅游集团有限公司
18		景域国际旅游运营集团
19		北京众信国际旅行社股份有限公司
20		大连海昌集团有限公司

责任编辑：郭珍宏

图书在版编目(CIP)数据

中国旅游集团发展报告. 2015：开放与共享：旅游集团成长的新谱系／中国旅游协会，中国旅游研究院编著. -- 北京：旅游教育出版社，2016.6

ISBN 978-7-5637-3414-6

Ⅰ.①中… Ⅱ.①中…②中… Ⅲ.①旅游企业—研究报告—中国—2015 Ⅳ.①F592.6

中国版本图书馆 CIP 数据核字（2016）第 141652 号

中国旅游集团发展报告 2015
开放与共享：旅游集团成长的新谱系
中国旅游协会　中国旅游研究院　编著

出版单位	旅游教育出版社
地　　址	北京市朝阳区定福庄南里 1 号
邮　　编	100024
发行电话	（010）65778403 65728372 65767462（传真）
本社网址	www.tepcb.com
E - mail	tepfx@163.com
排版单位	北京旅教文化传播有限公司
印刷单位	北京中科印刷有限公司
经销单位	新华书店
开　　本	787 毫米×1092 毫米　1/16
印　　张	8.5
字　　数	108 千字
版　　次	2016 年 6 月第 1 版
印　　次	2016 年 6 月第 1 次印刷
定　　价	58.00 元

（图书如有装订差错请与发行部联系）